伝わる！

信頼される！

大人の言いかえ

監修 澤野弘
NPO法人 日本サービスマナー協会 理事長

JN052188

Gakken

はじめに

ある人の作成した書類に誤りがあったとします。あなたはなんと言ってそのことを指摘しますか？

「ここ、間違っていますよ」

そう言ったとしても、日本語としておかしいわけではありません。しかし、指摘されたほうは、自分のミスを認めつつも不快な思いをするかもしれません。なぜでしょう？　それは、ミスは事実だとしても、話し手に気づかいが感じられないからです。
では、このように言いかえたらどうでしょう？

「私の勘違いでしたら申し訳ありませんが、ここは間違いではありませんか？」

ミスを指摘している点は、先ほどの表現と同じです。しかし、こちらには話し手の相手を思いやる気持ちが感じられます。

「物も言いようで角が立つ」ということわざがあります。ものごとは言い方によって相手の感情を傷つけることがあるので表現のしかたに注意しようという意味です。

ふだんなにげなく発した言葉が、自分の意思とは異なる意味にとられてしまう。そんな経験は誰にでもあるでしょう。言葉の使い方ひとつで、人によい印象を与えたり、逆に不快感を与えたりすることがあるのです。

ビジネスシーンにおいては、"言葉の使い方"こそ、人間関係をスムーズにし、ひいては仕事を円滑に進めるための重要な要素となります。状況に応じて、相手に気づかいや思いやりを込めた言葉を使う。これはビジネスパーソンが身につけるべき大切なスキルなのです。

とはいうものの、いざというとき、適切な表現をとっさに口にするのはなかなかむずかしいものです。また、自分では長い間"正しい"と思っていた言い回しも、じつはふさわしくなかった、ということもあります。

そんな方は、ぜひ本書を手元に置き、ときどき眺めながら、表現のバリエーションを増やしていってください。ふだん使っているフレーズは適切だったかどうか、あらためて点検してください。

本書は、ビジネス、プライベートを問わず、さまざまなシーンにおいて、相手に好印象を与えるフレーズを紹介しています。いざというときに役立つ表現がきっと見つかるはずです。

まわりから好かれ、信頼される人。それは相手に敬意を示しながら物事を説明したり、何かをお願いをしたり、感謝の意を述べたりできる人です。

そんなモノの言い方を身につけ、みなさんが、これからも会社や社会でよりいっそう活躍されることを心より願っています。

NPO法人 日本サービスマナー協会
理事長 澤野 弘

CONTENTS

第1章 距離を縮める
ときの言いかえフレーズ

第2章 仕事を進める
ときの言いかえフレーズ

第3章 人を動かす
ときの言いかえフレーズ

第4章 謝る・断る
ときの言いかえフレーズ

CONTENTS

あなたはこんなとき
どのように

何かをお願いするとき……

× 暇なときにでも
ご確認ください。

○○さん、
お願いできますか？

可能なら
お願いします。

日本語として間違ってはいないけど
なんとなく気分がよくないな……。

言いますか？

○ お手すきの折にでも
ご確認ください。

ほかならぬ○○さんに
お願いしたいのです。

差し支えなければ
お願いします。

気づかいが感じられて
お願いを聞いてあげようという気になるぞ。

こんな悩み、ありませんか？

□ とっさのときに言葉が出てこず、
　相手をイライラさせてしまう。

□ なぜか相手の気分を悪くしてしまい、
　最後まで話を聞いてくれない。

□ 自分が伝えたとおりに
　相手が行動してくれない。

□ まわりから冷たい人間だと
　思われてしまっている。

 だから

仕事も人間関係も<u>トラブルつづき</u>……

この本を読めば
解決します!

☐ その場にふさわしい言葉を
さっと口にできるようになる。

☐ 相手が気持ちよく
自分の話を聞いてくれる。

☐ 自分が伝えたとおりに
相手が行動してくれる。

☐ 「話しやすい人」「親切な人」
とまわりからほめられる。

つまり

仕事も人間関係もうまくいく!

伝わる! 信頼される! 言い回しが身につく

同じ目的の言葉を伝えるにしても、言い方を変えるだけで相手に与える印象がガラリと変わります。円滑な人間関係を保つために、ふだんのモノの言い方を工夫しましょう。本書では、7つの章に分けて、具体的な言い回しを紹介します。

第1章 距離を縮める ときの言いかえフレーズ

あいさつや雑談はコミュニケーションの第一歩です。日ごろから、自然な笑顔であいさつをかわし、なごやかな雰囲気で雑談できるようになれば、相手との距離が自然に縮まります。

関連項目

第2章 仕事を進める ときの言いかえフレーズ

仕事では情報を正確に伝達することが求められます。ときには、相談したり苦情を言ったりすることも必要です。相手の立場に立って考える習慣をつけて、言い回しを工夫しましょう。

関連項目

第3章 人を動かす ときの言いかえフレーズ

お願いをしたり交渉したりするときは、誤解を招かないことが大切。なごやかに話しながら相手の立場を気づかいましょう。催促をするときも、信頼関係を壊さないよう言い回しを工夫します。

関連項目

第**4**章 **謝る・断る** ときの言いかえフレーズ

自分のミスをわびたり、相手の申し出を断ったりするときは、あいまいな表現を避け、誠実な態度でのぞみます。言いにくい内容でも、気持ちを込めて伝えれば、納得してもらえます。

第**5**章 **気持ちを伝える** ときの言いかえフレーズ

相手に感謝したり、相手をほめたりする場合は、言葉だけのおざなりな印象にならないように注意します。態度や表情でも気持ちを表し、真摯な気持ちを伝えるように努力しましょう。

第**6**章 **効率よく伝える** ときの言いかえフレーズ

電話では表情や態度が伝わらないため、誤解が生まれない言い回しが求められます。また、会議で話すときは、相手の立場を考えつつ、正確に意見を伝えられるように工夫します。

第**7**章 **プライベートで伝える** ときの言いかえフレーズ

プライベートなシーンでも、言い回しを工夫することは大切です。ここでは、知人の家を訪れる、街で声をかける、パーティー会場で話すなど、8つのケースに分けて言い回しを紹介します。

鉄板の マジックフレーズ **7**

相手に対する敬意や気づかいをひと言で示せる
マジックフレーズ。はじめにひと言そえるだけで、
あなたの印象は格段によくなります。

Magic **1**

失礼ですが〜

| 実例 | 失礼ですが、お名前を教えていただけますか? |

POINT 何かを申し出たり質問したりするときの前置きフレーズ。「大変失礼ですが〜」もよく使います。

Magic **2**

恐縮ですが〜

| 実例 | 恐縮ですが、ご来社いただけますでしょうか? |

POINT 「恐縮」は元々は「恐れて身が縮む」という意味です。「恐れ入りますが〜」も同じ場面で使える表現です。

Magic **3**

申し訳ありませんが〜

| 実例 | 申し訳ありませんが、もう一度ご確認ください。 |

POINT 「申し訳ない」の「申す」は「言う」の謙譲語。このひと言をつけ加えるだけで表現がやわらぎます。

差し支えなければ～

つか

実例 差し支えなければ、担当の方のお名前を教えていただけますか?

POINT 名前や電話番号、住所など、少し立ち入ったことを聞くときは、相手を尊重しながらこのフレーズを使います。

お手数ですが～

実例 お手数ですが、ご伝言をお願いいたします。

POINT 「お手数ですが～」は手間をかけさせることを謝罪する言い回し。「お手数をおかけしますが～」でもOK。

あいにくですが～

実例 あいにくですが、今回は辞退させていただきます。

POINT 「あいにく」は申し出を断るときの決まり文句。丁寧に言うときは「あいにくでございますが～」がよいでしょう。

おかげさまで～

実例 おかげさまで、みなさまに支持していただきました。

POINT 「あなたのおかげで」と感謝する言い回し。相手に対する感謝の意を込めて言います。

本書の使い方

本書は、各章のシーンごとに「概論」と「フレーズ」のページで構成されています。まず、「概論」で言葉づかいの基本的なルールや注意点を理解してください。それから「フレーズ」で紹介している具体例を読めば、表現のバリエーションを増やしていくことができます。

概論のページ
言葉の基本的な使い方をマスター

➡

フレーズのページ
言い回しのバリエーションを増やす

フレーズのページの見方

シチュエーション

そのフレーズを使う場面。状況を想像しながら適切な言い回しを覚えましょう。

NGの言い回し

つい使ってしまいがちな、ふさわしくない言い回しを紹介しています。

OKの言い回し

相手から好感と信頼を得る「正しい表現」の言い回しを紹介しています。

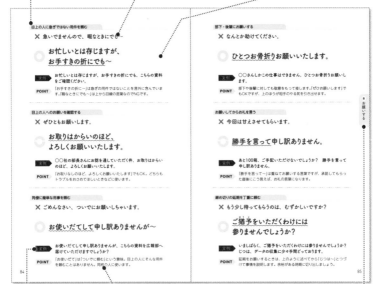

実例

そのフレーズを実際どのように使うか、具体例を紹介しています。

POINT

そのフレーズの使いどころや注意点、別の表現などを解説しています。

タブ

読みたい章のページをすばやく開くことができます。

第 **1** 章

距離を縮める
ときの言いかえフレーズ

あいさつする

会話は「あいさつ」からはじまります。相手に好印象を与え、人間関係を円滑にすることがあいさつの重要な役割。スマートなあいさつができる人は、それだけでまわりからの信頼も高まります。

☐ あいさつの基本姿勢

あいさつするときは相手の正面に立ち、胸をはり、あごを軽く引きます。声のトーンや表情、視線、姿勢にも気を配ると、スマートなあいさつになります。

やわらかい笑顔

相手の目を見る

声は少し高めのトーン

あごを軽く引く

頭頂部から糸で上に引っぱられているイメージで背筋を伸ばす

おへその下に重心を置き、腹筋に力を入れる

かかとをつけて、つま先を約15度程度開くと、美しく見える

15度

□ 社内の雰囲気をよくする基本のあいさつ

ビジネスパーソンは出社（朝）、外出、帰社、退社の各シーンで基本のあいさつを行います。笑顔とともにはっきりと相手に声をかけましょう。この4つのあいさつをしっかり行えば、まわりからの印象もよくなり、社内の雰囲気も明るくなります。

出社したとき　　　おはようございます。

外出するとき　　　行ってまいります。

帰社したとき　　　ただいま、もどりました。

退社するとき　　　お先に失礼します。

Check!

退社時もしっかりと

退社時のふるまいも人の印象を左右します。手助けが必要な人がいれば手伝い、大丈夫であれば、デスクまわりを片づけて、しっかりあいさつを。

デスクまわりを片づける

「お先に失礼します」

□ あいさつのおじぎは3つの角度を意識する

おじぎのしかたで敬意の度合いを表せます。「会釈」「敬礼」「最敬礼」の違いを確認し、状況や相手によって使い分けましょう。

会釈	敬礼	最敬礼

人とすれ違うときや、出社・退社時のあいさつなどに使う軽いおじぎです。真顔で「会釈」するよりも、少しほほえみながら行うと好印象になります。

目上の人や取引先の人へのあいさつに使います。一般的におじぎといえば「敬礼」を指します。腰から頭まで一直線に伸ばし、上体を30度前に傾けます。

「敬礼」をさらに丁寧にした、もっともあらたまったおじぎです。目上の人に対する敬意や深い感謝の気持ち、または謝罪の意を表すときに使います。

□ 初対面の印象をよくする「名刺交換」

名刺交換には、名刺を交換する順番と交換の仕方に基本ルールがあります。交換の順番は右図のとおりですが、立場が対等な場合は、訪問した側が「立場が下」としてふるまいます。交換を終えたあとも名刺はしまわず、席順に合わせて机の上に並べ、相手の名前を間違えないようにしましょう。

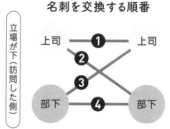

名刺を交換する順番

立場が下（訪問した側）　上司 ――❶―― 上司　立場が上（訪問された側）
❷
❸
部下 ――❹―― 部下

○○社の○○です　よろしくお願いします

頂戴いたします

名刺交換の基本

POINT

- □ 胸の高さで
- □ 脇をしめる
- □ 相手が差し出した名刺より低い位置で

名刺交換の手順

1 自分の名刺を差し出す

両手で端を持つ

名刺入れにのせる

名刺は相手のほうへ向ける

2 交換する

相手が取りやすいようにずらす

相手の名刺を受け取る

3 相手から名刺を受け取る

手をそえる

指で文字が隠れないように

□ 来客応対のマナー　基本の5ステップ

案内役は「会社の顔」です。自分のふるまいが、相手にとって会社全体の印象を左右します。自然に声をかけて案内できるように、ふるまい方を確認しましょう。

step 1 来客を迎える

笑顔であいさつをして、社名、部署名、名前、アポイントの有無を確認します。お客様が返答したら、右のように言い、担当者に連絡（または自分で案内）します。

迎えるときのフレーズ

- **お待ちしておりました。**
- **本日はお越しいただき、ありがとうございます。**

step 2 指定の部屋に案内

案内するときはお客様から見て左側に立ち、行き先を告げ、歩調を合わせながら歩きます。お尻を向けないように注意しながら、右のように言います。

案内するときのフレーズ

- **よいお天気ですね。**
- **気持ちのいい気候になりましたね。**

step 3 担当者を紹介する

入室するときは先にドアを開けて手で押さえ、「どうぞこちらです」と中へ案内します。担当者を紹介する場合は、2人の間に立ち、右のように言います。

紹介するときのフレーズ

- **ご紹介いたします。**
- **こちら、当社の営業部長○○でございます。**

step 4 お茶を出す

お茶はお盆の上にのせて胸の高さで運びます。ノックをして「失礼します」と言ってから入室します。右のように言いながら、お客様の右側からお茶を出します。

お茶を出すときのフレーズ

- **失礼いたします。**
- **どうぞ。**

step 5 お客様を見送る

オフィスビルの場合はエレベーターの前まで案内して、右のように言います。お客様との関係や来社の目的により、必要な場合は玄関先まで見送ります。

見送るときのフレーズ

- **本日はご来社いただき、ありがとうございました。**
- **お気をつけてお帰りください。**

✕ ○○様をお願いできますか?

○ ○○部の○○様と
14時のお約束でうかがいました。

実例 △△社の△△と申します。○○部の○○様と14時のお約束で
うかがいました。

POINT 自社名と名前を告げたあと、相手の部署と名前、「14時のお約束で〜」
とアポイントがある旨をきちんと伝えます。

相手の部署を直接訪問する

✕ ○○様は、ここですか?

○ 14時のお約束でうかがったのですが、
○○様はいらっしゃいますでしょうか?

実例 △△社の△△と申します。14時のお約束でうかがったのです
が、○○様はいらっしゃいますでしょうか?

POINT 受付を通さずに直接訪問する場合も、アポイントがある旨を伝え、
担当者を呼び出してもらうとスムーズです。

受付でアポイントがない旨を伝える

✕ ○○部の○○様にお会いしたいのですが〜

○ お約束はしておりませんが〜

実例 お約束はしておりませんが、○○部の○○様にお目にかかれ
ますでしょうか?

POINT まずアポイントがない旨を伝えたうえで、相手の都合を確認しても
らいます。用件を聞かれたら説明できるようにしておきましょう。

アポイントなしで担当者に直接連絡する

✕ じつはいま、御社におりまして～

◯ 近くまで参りましたので、
もしお時間があれば～

実例 近くまで参りましたので、もしお時間があればお目にかかりたいのですが……。

POINT 「○分ほどお時間をいただければと思いまして」と所要時間も告げれば、相手も可否を判断しやすくなるので親切です。

担当者が不在だった場合の声がけ

✕ それでは、結構です。

◯ それでは、
また日をあらためておうかがいします。

実例 承知しました。それでは、また日をあらためておうかがいします。

POINT 応対してくれた人にはお礼を忘れずに。資料だけでも渡したいときは、「こちらの資料をお渡し願えますでしょうか？」と頼みます。

打ち合わせに入る前の声がけ

✕ 本日はどうも、わざわざすみません。

◯ 本日は、お忙しいところ貴重なお時間を
いただき、ありがとうございます。

実例 △△社の△△と申します。本日は、お忙しいところ貴重なお時間をいただき、ありがとうございます。

POINT アポイントをとった側が受けた側に対して述べます。「本日はどうも、わざわざ～」は上から目線の言い回しに聞こえるのでNG。

✕ 遅くなってすみません。

◯ ## 申し遅れましたが～

実例 ▶ 申し遅れましたが、私は〇〇社〇〇部の△△と申します。

POINT 初対面の人と自己紹介をしないまま話が進んでしまった場合は、上のように言って、あらためて自己紹介をします。

相手の名前の読み方を確認する

✕ なんて読むのでしょうか？

◯ ## お名前は、
なんとお読みするのでしょうか？

実例 ▶ 恐れ入りますが、お名前は、なんとお読みするのでしょうか？

POINT 「どのようにお読みすればよろしいですか？」でもOK。「変わったお名前ですね」と返すのは失礼なので、「すてきな」「印象深い」などに。

名刺が足りなくなったときの決まり文句

✕ すみません、名刺が足りなくて～

◯ ## 名刺を切らしてしまいまして～

実例 ▶ 名刺を切らしてしまいまして、申し訳ございません。

POINT 名刺が足りないときや忘れてしまったときは、「名刺を切らして～」と言っておわびを。後日、手紙と一緒に名刺を送ります。

これまでにつき合いのある人に対する声がけ

✕ いつもありがとうございます。

○ いつも○○いただいて、ありがとうございます。

実例 いつも率直な意見をいただいて、ありがとうございます。

POINT これまでにおつき合いのある人には、日ごろの対応に感謝の意を示してから話をはじめると、そのあとの流れがよりスムーズになります。

以前一緒に仕事をした人に再会したときの言葉

✕ お久しぶりですね。

○ また一緒にお仕事ができて光栄です。

実例 以前はお世話になりました。また一緒にお仕事ができて光栄です。

POINT 「お久しぶりですね」だけでは不十分です。嬉しい気持ちを伝えることで、人間関係も円滑になります。

お世話になっている人に対する声がけ

✕ いつもありがとうございます。

○ いつも無理を聞いていただき〜

実例 ○○さんには、いつも無理を聞いていただき感謝しております。

POINT 日ごろからお願いを聞いてもらっている相手には、「いつも」と強調の言葉を入れて、感謝の気持ちを伝えます。

✕ 久しぶり、お元気でした？

○ <u>ごぶさたしています。</u>
お元気そうで何よりです。

実例 ごぶさたしています。お元気そうで何よりです。前回お会いしたのは○○の件のときでしたね。

POINT 「お元気そうで〜」と相手を気づかう表現を入れることで、場をなごやかにします。

久しぶりに会った人に近況を聞く

✕ 最近どうですか？

○ お変わりありませんでしたか？

実例 ごぶさたしております。その後、お変わりありませんでしたか？

POINT 久しぶりに会った相手に対して「以前と変わりないか」をたずねて、様子を気づかう言い回しです。

はじめて会う人に対するあいさつ

✕ どうも、お世話になります。

○ 本日はお忙しい中、<u>お時間を頂戴し、</u>
誠にありがとうございます。

実例 はじめまして。よろしくお願いいたします。本日はお忙しい中、お時間を頂戴し、誠にありがとうございます。

POINT 自分が相手先に訪問した場合は、「お時間を頂戴し〜」と感謝の表現を入れて、謙遜の意を表します。

訪問先で手土産を渡すときの声がけ

✕ みなさんで食べてください。

◯ よろしければ、
みなさんで召し上がってください。

実例 お口に合うかわかりませんが、よろしければ、みなさんで召し
上がってください。

POINT 「よろしければ」と謙虚な気持ちを表現しつつ「食べる」の尊敬語「召し
上がる」を使います。「ささやかなものですが〜」と言ってもOK。

訪問先でお菓子を勧められたときの返し方

✕ ごちそうさまです。

◯ ありがとうございます。頂戴します。

実例 ありがとうございます。頂戴します。美味しそうなお菓子ですね。

POINT お菓子に対して「ごちそうさま」はやや過剰な表現。お礼を述べ、「も
らう」の謙譲語「頂戴する」と返すほうがスマートです。

「調子はどうか」と聞かれたときの返し方

✕ なんとかがんばっております。

◯ みなさんにいろいろと
ご指導いただいております。

実例 はい、おかげさまで、先輩方にいろいろとご指導いただいてお
ります。

POINT 具体的な案件について聞かれた場合は、「その件は順調に進んでおり
ます」「最善を尽くして、作業を進めております」などと答えます。

✕ いえいえ、それほどでもございません。

◯ 今後とも
ご指導よろしくお願いいたします。

実例 ▶ 恐れ入ります。今後ともご指導よろしくお願いいたします。

POINT 「それほどでもございません」などと否定するのは、かえって傲慢な印象に。今後も努力していく姿勢をアピールしましょう。

取引先の上役からほめられたときの返し方

✕ ありがとうございます。

◯ 私のような者には
もったいないお言葉です。

実例 ▶ おほめの言葉、ありがとうございます。私のような者にはもったいないお言葉です。

POINT 目上の人に「恐れ多い」という気持ちを伝えることで好印象を与えます。謙遜しすぎても逆効果なので、さらりと伝えましょう。

話を切り上げたいときの決まり文句

✕ すみません。急いでおりますので〜

◯ 本日は次の予定がありまして〜

実例 ▶ 申し訳ありませんが、本日は次の予定がありまして、あらためてお話しさせていただければありがたいです。

POINT 長引いた話を終わらせるときの言い回しです。「本日はありがとうございました」などとお礼をつけ加えると、より丁寧です。

打ち合わせのお礼を述べる

✕ いろいろと、ありがとうございました。

本日は貴重なお話をお聞かせいただき、ありがとうございました。

実例 本日は貴重なお話をお聞かせいただき、ありがとうございました。大変勉強になりました。

POINT ただお礼を述べるだけではなく、「打ち合わせが有意義だったこと」を伝える言い回しです。

来客を見送るときの声がけ

✕ お気をつけて。

寒く（暑く）なりますので、お体を大切になさってください。

実例 この季節、だんだんと寒くなりますので、お体を大切になさってください。

POINT 晩秋から初冬には「寒く」、晩春から初夏には「暑く」を使って、相手の健康を気づかいながら見送ります。

途中まで同行してよいかをたずねる

✕ じゃあ、一緒に行きましょう。

○○までご一緒してもよろしいでしょうか?

実例 △△に行かれるのですね。では、○○までご一緒してもよろしいでしょうか?

POINT 疑問形でたずねることで、謙虚さを表現します。状況によっては無理に同行せず、「失礼します」と立ち去るようにしましょう。

✕ 次はご連絡を入れますね。

○ 次回は必ずご連絡してから
うかがいます。

実例 このたびはお時間をいただき、ありがとうございました。次回
は必ずご連絡してからうかがいます。

POINT ビジネスの現場では、アポイントをとってから訪問するのがマナー。
今回はあくまで例外であることを伝えます。

取引先の人と別れるときのあいさつ

✕ 失礼します。

○ お会いできてよかったです。

実例 本日はお会いできてよかったです。ありがとうございました。

POINT 「失礼します」だけでは、そっけない印象を与えるので、上のような
フレーズを使います。お礼の言葉をつけ加えればより丁寧に。

取引先の顔見知りに別件で来たことを伝える

✕ 今日は○○の件で来てまして～

○ 本日は、
別の案件でうかがっておりまして～

実例 いつもお世話になっております。本日は、別の案件でうかがっ
ておりまして、あらためてご連絡を差し上げます。

POINT 「本日は別の案件で参りました」でもOK。案件によっては部外秘の場
合もあるので、安易に仕事の内容を口にするのは控えます。

外出先で取引先の人に出会ったときの声がけ

✗ すごい偶然ですね!

○ 奇遇ですね。お元気ですか?

実例 ごぶさたしております。こんなところでお会いするとは奇遇ですね。お元気ですか?

POINT 偶然会ったことだけでなく、「お元気ですか?」と相手を思いやるフレーズをつけ加えてよい印象を与えます。

異動する際、上司にあいさつする

✗ 異動先でもがんばります!

○ ひとかたならぬ
愛情を注いでいただき〜

実例 ひとかたならぬ愛情を注いでいただき、ほんとうにありがとうございました。異動先でも力を尽くします。

POINT 「自分にはもったいないくらいの愛情」という気持ちを表現します。あらたまった言い回しなので、強い感謝の意が伝わります。

異動する際、上司にあいさつする(文書)

✗ これまでお世話になりました。

○ 格別のご<ruby>芳情<rt>ほうじょう</rt></ruby>を<ruby>賜<rt>たまわ</rt></ruby>りましたこと、
心より感謝いたします。

実例 公私にわたり格別のご芳情を賜りましたこと、心よりお礼申し上げます。

POINT 「格別のご芳情」と相手を敬う気持ちを強く表現します。おもに文書で使われる言い回しです。

✕ 長い間ありがとうございました。

◯ ご指導とご厚情[こうじょう]をいただき〜

実例 長い間あたたかいご指導とご厚情をいただき、誠にありがとうございました。

POINT 「ご厚情」は、「厚い情け、心からの深い思いやりの気持ち」の意。おもに文書で使われる表現です。

✕ ありがとうございます。

◯ お礼の言葉もございません。

実例 このたびは思いもよらない激励をいただき、お礼の言葉もございません。

POINT 「ありがとうございます」も間違いではありませんが、とくに目上の人には、上のように、より強い感謝の意を伝えます。

✕ ありがとうございます。

◯ お気持ちだけでも
大変ありがたく存じます。

実例 お気持ちだけでも大変ありがたく存じます。自分にはもったいない品物までいただき、恐縮です。

POINT 「お気持ちだけでも〜」と感謝してから、「自分にはもったいない品物〜」とつけ加えます。

お祝いの品が送られてきたときの返し方

✗ ありがとうございます。

◯ <u>お心づかいをいただき〜</u>

実例 お心づかいをいただき、誠にありがとうございます。大切に使わせていただきます。

POINT お礼の前に「お心づかいをいただき〜」というフレーズをつけることで、最大限の感謝の気持ちを表現できます。

取引先の人に異動を伝える

✗ いままでお世話になりました。

◯ <u>長い間ご愛顧いただき、</u>
ありがとうございました。

実例 こちらを担当させていただいてから3年になります。長い間ご愛顧いただき、ありがとうございました。

POINT 「ご愛顧」は「愛情を持って接していただいた」ことに感謝を述べるフレーズ。商品を定期的に購入してくれていたお客様にも使えます。

異動先で着任した際のあいさつ

✗ 未熟者ですが〜

◯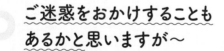
ご迷惑をおかけすることも
あるかと思いますが〜

実例 ご迷惑をおかけすることもあるかと思いますが、みなさんのご期待にそえるよう努めてまいります。

POINT 「未熟者〜」は、謙遜したつもりでも、他人からは「自信がない」と受け取られる危険があります。

雑談をする

商談や打ち合わせのときは、いきなり本題に入らず、雑談からはじめましょう。緊張をやわらげる話から入れば、その後の商談がスムーズに進みます。雑談はコツさえつかめば誰にでもできます。

☐ あいさつから雑談へのスムーズな流れ

雑談で重要なのは「会話の糸口」と「きっかけ質問」。あいさつのあと、「会話の糸口（天気、ニュースなど）」で、相手に話しかけます。つづいて「きっかけ質問」を投げかけて話を引き出し、以降は聞き役に回ると、スムーズに流れていきます。

あいさつ

↓

会話の糸口 P.35 ＋ きっかけ質問 P.35

↓

あいづち（話を聞く）
P.36~37

↓

本題へ

□ 初対面でも盛り上がる「会話の糸口」

「会話の糸口」としてふさわしい6つのテーマを紹介します。まず自分から話し、そこから話を広げていきましょう。

天気

天気はその日によって変わるので、会話の糸口として定番。季節の移り変わりや気候などを話題にしてみましょう。

ニュース

ビジネスパーソンは、新聞やネット、テレビのニュースを毎日チェックしているので、共通の話題を見つけられるはず。

流行モノ

相手が流行モノを知っていても知らなくても、話が広がるのでおすすめ。相手のほうがくわしいときは聞き役に回ります。

グルメ・趣味

お出かけスポットや季節の食べ物、個人的な趣味など、話をいろいろな方向に発展させることができます。

旅行

相手の体験を聞いたり、自分の訪れた場所について話したりと、話を広げやすいテーマのひとつです。

スポーツ

自分がスポーツをしなくても、スポーツの話題が好きな人は多いので、会話の糸口になりやすいテーマです。

政治 　 宗教 　 家庭

政治、宗教、家庭など、思想や信条、プライベートなことを話さなければならない話題は雑談には不向き。相手から話を振られたら「どうでしょう」「ご想像におまかせします」などとかわしましょう。

□ 会話がはずむ「きっかけ質問」

「会話の糸口」から「きっかけ質問」につなげ、「あいづち」を打ちながら聞き、話を広げます。「きっかけ質問」で相手の話を引き出せば、そのあとの商談も成功します。

POINT 1
過去の経験を聞く

どんなテーマであれ、まずは相手の経験をたずねてみましょう。相手に経験があれば聞き役に回り、ない場合は自分の経験を話して、雑談をつづけます。

POINT 2
予定を聞く

天気や旅行などの話題では、相手の予定を聞くのもよい方法。予定があれば話を引き出し、ない場合は過去の経験についての質問に切り替えます。

POINT 3
個人の状況を聞く

ニュースや流行に関する話題は、意見や考えをたずねるよりも、個人的な経験や状況を聞くほうがベター。相手も口を開きやすく、話が盛り上がります。

□ 基本になる2種類の「あいづち」

「会話の糸口」と「きっかけ質問」によって話が盛り上がったら、上手に「あいづち」を打ちながら聞き、気分よく話をしてもらいましょう。「あいづち」の役割は「きちんと聞いている」「理解している」と伝えること。適切な「あいづち」は、誠実、理知的、親近感などの好印象につながります。

肯定 **8** 割 ＋ 感嘆 **2** 割

「あいづち」は、「肯定」と「感嘆」を使い分けるのがポイント。「肯定8割／感嘆2割」が適切な割合です。感嘆の「あいづち」を連発すると不誠実な印象を与えてしまうので、注意しましょう。

肯定
- はい。
- わかります。
- はい、そうですよね。
- たしかに。

感嘆
- さすがですね。
- えー！ そうなんですか。
- お見事ですね。
- いや、すごいですね。

□ さらに盛り上がる「あいづち」のバリエーション

「あいづち」は状況に合わせて表現を変えるとより効果的です。ここでは相手の話の内容に合わせた「あいづち」のポイントを紹介します。

自慢話に合わせる

相手が自慢話をしているときに、相手をほめる「あいづち」を打つと、話が広がっていきます。連発しすぎると真実味がなくなり逆効果なので注意しましょう。

例 それは何よりですね。
うらやましいですね。
○○さん、さすがです。

「理不尽さ」に共感する

相手が理不尽な思いをした話をしているときは、共感する「あいづち」を打ち「親身になっている」という印象を与えます。最後になぐさめの言葉をそえるようにしましょう。

例 ひどい話ですね。
それは、やりきれませんね。
いや、大変でしたね。

苦労話に共感する

苦労話を聞くときは、話の腰を折らないようにするのがポイント。途中では「はい」「なるほど」のような簡単な「あいづち」を打ち、最後に共感の言葉をつけ加えます。

例 そうですか……心中お察しします。
そう考えるのも当然だと思います。
ご苦労なさったんですね。

話題を変える

話が延々とつづいてしまいそうなときは、「あいづち」でブレーキをかけます。話を要約して感想を述べ、つなぎの言葉で話題を変えれば、相手の気分を害しません。

例 そうだったんですか。
○○は△△だったんですね。
↓
勉強になりました。
ところで、○○さん～

話を切り上げる

話を切り上げたいときは、いま時間に気づいたようにふるまいます。「もっと話を聞きたかったこと」を強調するのがポイントです。

例 もう、こんな時間ですか、
そろそろ行かなくては……。
↓
もっとおうかがいしたいのに残念です。
ぜひ、今度、つづきを聞かせてください。

Check!

気のない「あいづち」やくり返しはNG

「へえ」「ふーん」などの気のない「あいづち」や、「なるほど、なるほど」と「あいづち」を二度くり返すのも、軽薄に聞こえるのでNGです。

NG例

へえ、そうなんだ。
ふーん、そうですか。
なるほど、なるほど。

グルメをテーマにする「会話の糸口」

✕ 私はお寿司が好きです。

◯ ◯◯さんはお寿司、お好きですか?

実例 最近、お気に入りの寿司屋を見つけました。コハダが絶品なんです。◯◯さんはお寿司、お好きですか?

POINT 相手もお寿司が好きなら話が盛り上がります。相手の好物を質問して、それを話題にするのがポイントです。

旅行の話をする「会話の糸口」

✕ この夏、旅行をしましたか?

◯ ◯◯さんは、今年の夏、どこかお出かけになりましたか?

実例 今年の夏休みは△△に行きました。景色がよくて感動しました。◯◯さんは、今年の夏、どこかお出かけになりましたか?

POINT 自分の旅行の感想を簡潔に述べ、質問につなげます。「出かけていない」と答えたら「××方面へ行かれたことは?」などと返します。

趣味の話につなぐ「会話の糸口」

✕ ゴルフをしますか?

◯ ◯◯さんはゴルフ、なさるんですか?

実例 最近、ゴルフをはじめました。打ちっぱなしで練習しただけですけれど。◯◯さんはゴルフ、なさるんですか?

POINT いきなり趣味を聞くよりも、「会話の糸口」として自分の経験を話してから相手の話題につなげるようにします。

✗ テレビの○○（番組名）に興味ありますか？

○ △△さんも、テレビの○○（番組名）
ご覧になっていますか？

実例 いまテレビの○○（番組名）が話題ですね。△△さんも、ご覧になっていますか？

POINT 流行モノに興味があるかたずね、話を広げるための質問です。相手の年齢を考え、観ていそうな番組名をあげましょう。

ニュースをネタにする「会話の糸口」

✗ ○○って知ってますか？

○ 最近、○○のニュースが
増えましたね。

実例 最近、○○のニュースが増えましたね。△△さんの会社では話題になっていますか？

POINT 誰でも知っている大きなニュースは格好のネタです。また、業界内のニュースを話題にすれば、思わぬ情報が得られるかもしれません。

体格のよい男性への「会話の糸口」

✗ 体格がよいですね。

○ 何かスポーツをされていましたか？

実例 ○○さんは学生時代、何かスポーツをされていましたか？

POINT 「体格がよい」では単なる感想。スポーツに関連づけることで、相手が何もやっていない場合も話を広げるきっかけになります。

自分の体験から話を広げる「会話の糸口」

✕ ○○って知ってます?

○ **先日、いま話題の<u>○○をしたんですよ。</u>**

実例 先日、いま話題の○○をしたんですよ。△△さんはご覧になりました?

POINT 雑談のネタに困ったら、自分の最近の体験を話してみるのもよい方法。相手が知らない情報を提供すれば、興味を持ってもらえます。

共感を誘う「会話の糸口」

✕ スーツを着るのって好きですか?

○ **夏場のスーツは<u>きついですよね。</u>**

実例 夏場のスーツはきついですよね。うちの会社も"クールビズ"を取り入れてくれたらいいんですけど。

POINT 夏場のスーツの息苦しさに対して共感を誘う言葉をかけることで、相手の心がほぐれ、苦労話などで盛り上がれます。

同世代の人と話すときの「会話の糸口」

✕ 最近の流行にはついていけないですね。

○ **学生のころ、<u>○○が流行りませんでした?</u>**

実例 私たちが学生のころ、○○が流行りませんでした?

POINT 同世代の人と話すときは、若いころや子どものころに流行したモノを話題にすると、相手と共通点が見つかり、話が広がります。

季節を話題にする「会話の糸口」

✕ 秋ですね。

夏もあっという間に終わってしまいましたね。

実例 夏もあっという間に終わってしまいましたね。仕事に明け暮れて、どこにも行けませんでした。

POINT 季節は誰でも使える万能の話題。自分の体験や気持ちを述べたあと、「○○さんはどうでしたか？」と質問につなげるとスムーズです。

自慢話に聞こえない「会話の糸口」

✕ 自慢するわけではありませんが〜

手前味噌で恐縮ですが〜

実例 手前味噌で恐縮ですが、昨年、部署内で売り上げがトップになったんですよ。

POINT 自慢に聞こえそうな話をする場合は、このフレーズを前置きとして使いましょう。上から目線の発言ではないことを示せます。

嬉しかった体験を話す「会話の糸口」

✕ 聞いてくださいよ、この話！

じつは私にも嬉しいことがありまして〜

実例 じつは私にも嬉しいことがありまして、宝くじが当たったんです。

POINT 嬉しい体験を話す場合は、相手の話をひとしきり聞いたあと「じつは私にも〜」と切り出すと、自慢には聞こえません。

✕ 悩みを聞いてほしいんですが〜

◯ こんなことを話すと
笑われるかもしれませんが〜

実例 こんなことを話すと笑われるかもしれませんが、最近、子どもと
遊ぶ時間がほとんどとれないんです。

POINT あらかじめ「笑われるかも〜」と前置きすることで、相手も困惑せず
に話を聞くことができ、暗い雰囲気になりません。

季節の話題からつなげる「きっかけ質問」

✕ 桜が咲いていますね。

◯ お花見のご予定はありますか?

実例 ここへ来る途中、桜が五分咲きになっているのを見ました。お
花見のご予定はありますか?

POINT 季節の話題から、相手の予定をたずねる質問へつなげて話を広げま
す。予定がない場合は「お忙しいですからね」などと返します。

天候の話題からつなげる「きっかけ質問」

✕ 暑いですね。

◯ 暑いのはどうも苦手ですね。
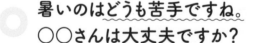
○○さんは大丈夫ですか?

実例 いいお天気ですね。だいぶ夏らしくなりました。でも、暑いの
はどうも苦手ですね。○○さんは大丈夫ですか?

POINT 天候への感想から暑さに関する話題、そして相手への質問へとつな
げます。相手が「大丈夫」と答えたら「うらやましいですね」と返します。

持ち物に対するこだわりを聞く「きっかけ質問」

✕ それ、かっこいいですね。

○ <u>じつは私も気になっていたんです。</u>

実例 ○○をお持ちなんですね。じつは私も気になっていたんです。
使い心地はいかがです?

POINT 相手の自尊心をくすぐりながら、こだわりのポイントを聞き出し、
話を広げます。好みが一緒なら、話は自然に盛り上がります。

習慣にしていることを聞く「きっかけ質問」

✕ 何か習慣はありますか?

○ <u>毎日つづけていることはありますか?</u>

実例 最近、ジョギングをはじめたんですが、○○さんは毎日つづ
けていることはありますか?

POINT ふだんの習慣を質問すれば、話のネタを相手から引き出すことがで
きます。相手に興味があることも示せます。

気になっていることを聞く「きっかけ質問」

✕ 質問してもいいですか?

○ <u>前からお聞きしたかったのですが〜</u>

実例 前からお聞きしたかったのですが、その書類はどんなソフトを
使って作成しているんですか?

POINT ふだん聞けないことや聞きづらいことを、相手を尊重しつつ単刀直
入に質問したいときに使うフレーズです。

沈黙がつづいたときの「きっかけ質問」

✗ 最近どうです？

○ 最近、○○のほうは、どうですか？

実例 ▶ 最近、釣りのほうは、どうですか？

POINT 話題がなくなったときは、休日のすごし方を率直に聞いてみましょう。そこから話のきっかけがつかめる場合があります。

趣味を聞き出す「きっかけ質問」

✗ 趣味は何ですか？

○ 今年のゴールデンウィークはどうされるんですか？

実例 ▶ 汗ばむ季節になってきましたね。○○さんは今年のゴールデンウィークはどうされるんですか？

POINT 相手の予定を聞くことで、日ごろ取り組んでいる趣味や家庭の話をさりげなく引き出せます。

お酒に関する「きっかけ質問」

✗ お酒は飲めますか？

○ お酒はお飲みになるんですか？

実例 ▶ ○○さんは、家では、お酒はお飲みになるんですか？

POINT 飲みに誘える人かどうかを確認したいときに使う言い回し。飲めない人に対しても気軽にたずねられる言い回しです。

趣味の話に対する「あいづち」

✕ すごいですね。

◯ **お話を聞いていると、私も◯◯したくなります。**

実例 △△さんのお話を聞いていると、私もゴルフをしたくなります。

POINT 趣味の話は「したくなる」、旅行は「行きたくなる」、食べ物なら「食べたくなる」などと、さまざまな話題で使えます。

知識を披露してくれたときの「あいづち」

✕ そうなんですね。

◯ **それは知りませんでした。どうやって◯◯するのですか?**

実例 それは知りませんでした。そのアプリはどうやって入手するのですか?

POINT 相手の知識に対して質問を投げかければ、興味があることが伝わり、話が広がります。

苦労話を聞いたときの「あいづち」

✕ えらいですね。

◯ **わかっていても、なかなかできませんよ!**

実例 そんなむずかしい仕事、わかっていてもなかなかできませんよ! どこかで勉強したんですか?

POINT 相手の自尊心をくすぐるあいづちの表現です。相手の長所を素直に評価する人は好感を持たれます。

何度も聞かされた話に対する「あいづち」

✕ 何度も聞きましたよ。

◯ **それは、よかったですね。**

実例　50万円も儲かったんですね。それは、よかったですね。

POINT　実際に何度も聞かされた話であっても、率直に「何度も〜」と答えては反感をかってしまいます。共感する言葉を返しましょう。

自慢話に対する「あいづち」

✕ 自慢ですか?

◯ **さすがです。**

実例　野球におくわしいですね。さすがです。

POINT　「よくご存じですね」などと具体的にほめればなお効果的です。ただし上司や目上の人には失礼になるので避けたほうが無難です。

相手が言葉を濁したときの「あいづち」

✕ そのつづきは?

◯ **……と、おっしゃいますと?**

実例　……と、おっしゃいますと?　何が起こったのですか?

POINT　相手が言葉を濁したときに、話のつづきをうながすフレーズ。やんわりとした表現なので、強要しているように聞こえません。

強い同意を示す「あいづち」

✕ そうですね。

○ **まったくです。**

実例 ▶ まったくです。おっしゃるとおりです。

POINT 「まったく」は「完全に」という意味なので、相手の話をすべて肯定している印象を与えられます。

悩みに同調する「あいづち」

✕ 大変でしたね。

○ **それは、さぞお困りでしたでしょう。**

実例 ▶ ご家族がご病気になられたのですね。それは、さぞお困りでしたでしょう。

POINT 悩みを相談されたとき「お困りでしたでしょう」と気持ちを込めて言えば、より具体的な話を引き出しやすくなります。

提案に同意しにくいときの「あいづち」

✕ それは違うと思います。

○ **なるほど、一理ありますね。**

実例 ▶ なるほど、一理ありますね。あとで検討してみましょう。

POINT 相手の提案に反対であっても、いったんは同意しておきます。相手も不快感を抱くことなく話をつづけられます。

敬称・呼称

職場の上司、部下は、どう呼ぶのが正解?

社内と社外では呼び名・呼び方が違うので、混乱しないように注意。
間違えると常識を疑われてしまうので、3つのパターンを確認しておきましょう。

社内で役職者を呼ぶときは「さん」をつけない

✕ 鈴木部長さん
○ 鈴木部長

自分　社内の役職者

社内の場合は「名前＋役職名」でOK。役職名にはもともと敬称の意味が込められているので「さん」はつけません。

社外では上司であっても呼び捨てにする

✕ 鈴木部長
○ 部長の鈴木

社外の人

自分　社内の役職者

呼び捨てが原則。社内では「〇〇部長」と呼ぶところを、社外では「部長の〇〇」など、「役職名＋名前」の順にします。

社外の役職者に対しては「役職名＋〇〇様」で呼ぶ

✕ 山田課長様
○ 課長の山田様
○ 山田課長

自分　社外の役職者

社外の役職者には、「課長の〇〇様(または〇〇課長)」が正解。「課長」「様」が連続するなど、二重敬語に気をつけましょう。

職場では男性も女性も「〇〇さん」がベスト

職場で呼ぶときは、男性も女性も、また後輩に対しても、敬意を込めて「〇〇さん」が基本です。

第 **2** 章

仕事を進める
ときの言いかえフレーズ

説明する

聞き手に興味を持つことが説明上手になる第一歩。聞き手の立場で考えながら、伝え方や話題の出し方に工夫をこらします。事前に説明する内容を整理して、簡潔な表現で話しましょう。

☐ 話を聞かない人に伝えるときの基本

聞き手の存在を念頭に置き、伝える意思を持って話すことが大切です。説明を最後まで聞いてもらうために、聞き手の傾向を意識しましょう。

得する話しか
聞かない人

自分にとってプラスになる話にしか関心を示さない人がいます。話を最後まで聞いてもらうには、「プラスになるかも」と思わせる話題を入れましょう。

興味がない話は
聞かない人

自分に関係のない話や興味がない話には耳を傾けない人がいます。相手の興味や関心がどこにあるかを意識して、話しましょう。

長い話を
聞かない人

話を聞くための集中力がつづくのは大人でもせいぜい30分程度。話の内容を整理し、短時間で説明できるよう入念な準備をしましょう。

□ わかりやすくするための説明の流れ

わかりやすく説明したいときは、一連の流れを意識したほうがうまくいきます。下のようなチャートを頭に入れて本番にのぞみましょう。

1 説明する内容をはっきりさせる

「何を伝えたいのかわからない」と思われてしまうと、聞き手はそれ以上、耳を傾けてくれません。まずは自分の伝えたいことをしっかり見極めましょう。

2 大まかな流れをメモしておく

どんな話をどのような順番で話すかは、事前にメモしておくとよいでしょう。ただし、メモに目を落としっぱなしでは伝わりづらいので、参考程度に。

3 説明する数を最初に伝える

「これから3つ話します」などと、最初に説明する項目の数を伝えるのもよい方法。相手も頭の中を整理しながら聞けます。

4 はっきりゆっくり話す

人は緊張すると話すスピードが速くなりがち。「ちょっと遅すぎるかな」と思うくらいにすれば、ほどよいスピードになります。

5 一文を短く語尾をしっかり

「○○は○○で～」「○○だから○○で～」とダラダラ言葉をつなげると、聞きづらくなります。短く切りながら話す練習を。

6 図や画像を活用する

図や画像を使えば、話はよりわかりやすくなります。「こちらをご覧ください」などのフレーズで図や画像に注目をうながしましょう。

Check!

数字で説得力をアップ

説明の中に数字を入れて話すと、聞き手もイメージがわき、話を具体的に理解しやすくなります。

具体的な数字で比較する

例 A社の販売台数は12万ですが、弊社は27万です。

別のものにたとえる

例 東京ドームの10倍の広さです。

✗ これから説明します。

◯ **ご説明申し上げます。**

実例 製品の新しい機能についてご説明申し上げます。

POINT 発表会やプレゼンテーションなどでは「説明します」ではなく「ご説明申し上げます」と謙譲語を使います。

資料に注目してもらう声がけ

✗ 資料を見てください。

◯ **資料をご参照ください。**

実例 具体的なデータは、お手元の資料をご参照ください。

POINT 「参照」とは、相手にあらためて見てほしいものがあることを表現する言い回しです。ビジネスの現場でよく使われます。

「のちほど詳細を説明する」と伝える

✗ あとでくわしいことを説明します。

◯ **のちほど、それぞれの細目をお知らせします。**

実例 今回の提案はお配りした資料のとおりです。のちほど、それぞれの細目をお知らせします。

POINT 「細目」とは「細かな項目」。のちほどくわしい情報を提供するときなどに使います。「細目」を「詳細」と言いかえても◯K。

詳細を文書で説明することを伝える

✕ 詳細はあとでメールします。

○ くわしくは、のちほど
文書でご報告いたします。

実例 現時点ではあいまいな部分もございますので、くわしくは、のちほど文書でご報告いたします。

POINT 現時点で検証や確認が必要な場合は、上のフレーズを言ってからおわびします。

自分の見解を強く主張する

✕ 絶対に○○だと思います。

○ ○○と言っても過言ではありません。

実例 本プロジェクトの最大の難所と言っても過言ではありません。

POINT たとえ自信があっても「絶対に〜」という表現はNG。「過言ではない」と言いかえると、ビジネスにふさわしい表現になります。

注意してほしいことを伝える

✕ ○○に気をつけてください。

○ ○○にご留意ください。

実例 この機能を使う場合は、稼働時間にご留意ください。

POINT 「ご留意ください」は、「気をつけてほしい」「気に留めておいてほしい」という内容を丁寧に表すフレーズです。

✗ どうなるかわかりませんが〜

◯ お含み置きください。

実例 先方の事情もあり、納品時期については、お含み置きください。

POINT 「万が一の場合」「念のために」という意味を込めてこのフレーズを使えば、相手にこちらの事情を理解してもらえます。

✗ 急いでいたので自己判断で進めました。

◯ 勝手ながら私が判断し、
◯◯として△△いたしました。

実例 この件ですが、勝手ながら私が判断し、「問題なし」として処理いたしました。

POINT 「急いでいたので〜」は自分の都合を述べているだけなので、「勝手ながら〜」と前置きをしてから理由を説明します。

✗ 現在、一生懸命にやっています。

◯ 現在、粛々（しゅくしゅく）と取り組んでおります。

実例 ◯◯社との共同プロジェクトについては、現在、粛々と取り組んでおります。

POINT 「現在、一生懸命にやっています」は表現が稚拙なのでNG。真剣に取り組む気持ちを表すときは、「粛々と〜をする」と言います。

✕ 残念ながら進行が滞っています。

◯ **なかなか思うようにいかないのが
実状でございます。**

実例 スタッフ一同、鋭意努力を重ねておりますが、なかなか思うようにいかないのが実状でございます。

POINT 進捗の遅れを伝えるときは「なかなか思うように〜」と言います。状況を切り出すときに使う言い回しで、原因はこのあとに説明します。

苦しい状況を伝える

✕ 事情をわかってください。

◯ **事情をお察しいただければ〜**

実例 この件については、私も心苦しく思っておりますが、事情をお察しいただければ幸いです。

POINT 相手の気持ちに配慮しつつ「こちらの事情も理解してほしい」という微妙なニュアンスを伝える言い回しです。

説明したあとに確認を求める

✕ では、◯◯を△△するというかたちでいいですか?

◯ **では、◯◯を△△するという方向で
進めてもよろしいでしょうか?**

実例 では、先方に事情を話し、商品をいったん納品していただくという方向で進めてもよろしいでしょうか?

POINT 「〜という方向で」は結論をわざとあいまいにして相手におうかがいを立てる言い回し。「というかたちで〜」はカジュアルすぎるのでNG。

主張する

一般的に「主張」には、意見、指摘、反論のいずれ
かのニュアンスが含まれますが、いずれの場合も
角の立たない表現を心がけます。あいまいな表現
を避け、意図が伝わる言い回しをしましょう。

☐ 主張の3つのバリエーション

「主張」の表現は、内容によって次の3つに分けて考えられます。自分の「主張」が
どれに当てはまるかを意識しておくと、相手を尊重した言い回しができます。

主張

意見

「私は〜」と主語を入れて個人的な意見であることをはっきりさせる。

例 私は○○について△△だと思っています。

指摘

相手の立場を尊重するため、おわびのフレーズを前に入れる。

例 申し訳ありません。○○についてですが〜

反論

恐縮の意を示しながらも、自分の意見はしっかりと述べる。

例 お言葉を返すようで恐縮ですが〜

□ 相手の間違いをやんわりと指摘する方法

相手の間違いや勘違いを、直接指摘すると角が立ちます。ここでは、遠回しの表現で間違いに気づいてもらう言い回しを紹介します。

上司に対して

「間違えています」と直接指摘せずに、「このままでよろしいですか」と間接的にたずねて相手に気づいてもらいます。

例 こちらの書類ですが、
この部分はこのままでよろしいでしょうか。

例 恐れ入りますが、
もう一度、ご説明願えますか。
勉強不足で申し訳ありません。

部下に対して

厳しく責めると、相手も反発心が先に立ってしまいます。丁寧な言葉づかいでフォローを忘れないようにしましょう。

例 悪いけど、ここだけもう一度、
確認してもらえますか。

例 さっきあなたは「○○○」と言ったけど、
私なら「△△△」と言うかな。
日本語ってむずかしいよね。

同僚に対して

同僚には、「自分も間違えた(間違えるかも)」と共感のひと言を加えることで、表現がぐっとやわらぎます。

例 あの話、わかりにくいですよね。
私も間違えそうになりました。
どうもそういう話では
ないみたいですね。

□ 反論や暴言に対する対処法

ビジネスの現場では、どんな状況でも感情的にならず、冷静に切り返します。反論に対してはさらりと受け流し、暴言に対しては軽く注意をうながします。

反論 ▶ 受け流す

- 手厳しいご意見ですね。
- そういう考え方もありますね。
- さあ、どうでしょうか。

暴言 ▶ 注意をうながす

- まさか、ご冗談ですよね。
- ○○さんらしからぬお言葉です。
- 本気ですか？ 耳を疑いました。

✖ 余計なお世話かもしれませんが〜

◯ 差し出がましいようで恐縮ですが〜

実例 差し出がましいようで恐縮ですが、その方法では○○社の協力が得られないのではないでしょうか?

POINT 「出しゃばるようで申し訳ない」という気持ちを示す前置き。「余計なお世話〜」も意味は同じですが、目上の人には不適切です。

目上の人の間違いを指摘する

✖ もしかしたら、間違えていませんか?

◯ 私の勘違いでしたら
申し訳ございませんが〜

実例 私の勘違いでしたら申し訳ございませんが、この数字はケタが違うのではないでしょうか?

POINT 「私の勘違いでしたら」と前置きすることで表現がやわらぎます。相手が間違いを認めたら、会釈をして「失礼しました」と返します。

目上の人の意見に反論する

✖ それは違うと思います。

◯ おっしゃることはごもっともですが〜

実例 おっしゃることはごもっともですが、○○社の動向にはもっと注目すべきではないでしょうか?

POINT 頭ごなしの否定は相手の気分を害するので、まずは相手の意見を尊重します。そのあと疑問形で自分の意見を述べると角が立ちません。

✕ お耳を拝借してもよろしいですか？

◯ **お耳に入れておきたいことがあります。**

実例 お耳に入れておきたいことがあります。部長の〇〇さんは、この件に関わっていないようです。

POINT 「聞いてほしい」と訴える表現です。「お耳に〜」を強調するときは、その前に「どうしても」をつけます。

✕ 取り急ぎ、用件のみで失礼します。

◯ **火急の案件のため、前置きなしでお伝えします。**

実例 火急の案件のため、前置きなしでお伝えします。先ほど〇〇社からお断りのご連絡をいただきました。この案件につきましては〜

POINT 「火急の案件」とは「火のついたように急ぎの用事」という意味。「取り急ぎ〜」は緊急ではないので、この場合は不適切です。

✕ ここははっきり言わせてもらいます。

◯ **失礼ながら直言させていただきます。**

実例 失礼ながら直言させていただきます。〇〇さんの提案する方法では、コストがかかりすぎるのではないでしょうか？

POINT 上のように述べたあと、疑問形にして表現をやわらげて表現するのがスマートです。

4 主張する

相手の話を制止して自分の意見を言う

✕ ちょっと待ってください。

○ # 恐れ入りますが、
お話を聞いていただけますか?

実例 おっしゃっていることはよくわかります。ですが、恐れ入りますが、お話を聞いていただけますか?

POINT 感情的かつ一方的に主張する相手には、冷静な態度を保ちつつ、「恐れ入りますが〜」と、相手への配慮を伝える言葉で切り返します。

ほかの人に意見を求める

✕ ほかの人はどう思っていますか?

○ # みなさまは
どのようにお考えでしょうか?

実例 ○○さんは効率化をご提案くださいました。みなさまはどのようにお考えでしょうか?

POINT 特定の人から意見を聞きたい場合は、「○○さんのお考えを、ぜひお聞かせ願えますか?」などと話を振りましょう。

疑問点をあげて反論する

✕ いいと思いますが、○○は大丈夫でしょうか?

○ # 大筋はそうかもしれませんが〜

実例 大筋はそうかもしれませんが、コスト面を考えると実現は難しいのではないでしょうか?

POINT 疑問点を指摘することは重要です。参加者が不快にならないように、必ず相手の意見を認めてから反論を述べます。

✕ どこが問題なんですか?

◯ <u>懸念されている点を
くわしくお聞かせ願えませんか?</u>

実例 懸念されている点をくわしくお聞かせ願えませんか? 私が勘
違いしているのかもしれません。

POINT 自分の意見を否定されても感情的にならず、相手の発言に耳を傾け
る態度を示すようにしましょう。

判断がむずかしいことを伝える

✕ どっちも正しいんじゃないですか?

◯ <u>どちらが正しいかは、
意見が分かれるところですが〜</u>

実例 どちらが正しいかは、意見が分かれるところですが、こちらの
案にも検討の余地があるように思えます。

POINT 「意見が分かれる〜」という表現で、自分の反論が絶対的に正しいと
は思っていないことを伝えます。

取引をやめることを宣言する

✕ 今後のおつき合いは考えさせてください。

◯ <u>今後のおつき合いを
ご遠慮させていただきます。</u>

実例 こちらのお願いを聞いていただけないようでしたら、今後のお
つき合いをご遠慮させていただきます。

POINT 「考えさせてください」とあいまいにするのはNG。「ご遠慮させていた
だく」は遠回しな言い方ですが、相手に選択の余地を与えていません。

報告・連絡する

「報告」は事実に自分の意見をそえて伝えること、「連絡」は事実のみを端的に告げることです。どちらの場合も主語を明確にし、「5W3H」で話の趣旨をまとめるようにしましょう。

□ 報告・連絡では、あいまいな表現を回避する

報告・連絡は、内容を正確に伝える必要があります。とくに注意したいのが、「あの」「その」などの指示語です。あいまいな表現がトラブルにつながる可能性もあります。また、ビジネスシーンでは日時や金額などの数字を正確に伝えましょう。

指示語を避ける	✕ あの件はどうなりました？
進捗は具体的に	✕ だいたい終わっています。
あいまいな表現はNG	✕ 書類の作成が一応終了しました。
日時は具体的に	✕ たぶん、明日の昼ごろに届きます。
金額は正確に	✕ 100万円くらいなら都合がつきます。

☐ 「5W3H」で正確に伝える

「5W3H」を意識すれば、必要なことをもらさず伝えられます。事前に対応するフレーズを書き出し、文章を組み立ててから報告・連絡をすれば確実です。

When	いつ
Where	どこで（どこに）
Who	誰が
What	何を
Why	なぜ
How to	どのように
How many	いくつ
How much	いくらで

例 ○○部の○○さんより、お電話がありました。
　　　　　Who

新製品について検討したいので、
　　　　Why

100万円の予算で試作品を3個制作し、
How much　　What　　How many

関西支社まで送ってほしいとのことでした。
Where

△月△日の△時までに、
When

郵送してほしいとおっしゃっています。
How to

Check!

まず5Wを押さえよう
時間がないときなどは5Wを最優先に。
ここを押さえれば誤解が生じません。

☐ 状況に合わせて伝達の手段を選ぶ

ビジネスの現場では、報告と連絡を迅速に行うことが求められます。口頭で伝えることにこだわらず、伝達の手段を使い分けましょう。

口頭

報告、連絡は口頭が基本です。必要に応じて、資料を見たり、相手に見せたりしながら話します。

電話

すぐに相手の返事がほしいときに。聞き間違いには、とくに注意を払います。

メール

書類を証拠として残したいときに。すぐに相手の返事がほしいときには不向き。

メモ

不在時や会議中のときに使います。必要に応じて、ほかの手段と組み合わせます。

仕事の進捗を報告する（順調なとき）

✗ あの書類は、そろそろ終わりそうです。

〇 ○○の書類ですが、
順調に進んでいます。

実例 来週の会議で使用する書類ですが、順調に進んでいます。
木曜日には提出いたします。

POINT 進捗の状況は期日を区切って報告します。自分で進行の予測を立て、
「○曜日まで」などと報告すれば、より丁寧です。

仕事の進捗を報告する（遅れているとき）

✗ ちょっと問題があって、遅れぎみです。

〇 ○○が問題で滞っており、
まだ3割程度、手がついておりません。

実例 再来週のセミナーの書類ですが、グラフの作成が問題で滞っ
ており、まだ3割程度、手がついておりません。

POINT 遅れていることだけでなく、理由を明確にして伝えます。「まだ3割
程度手がついていない」などと進捗状況を具体的に報告しましょう。

営業で外出するときの声がけ

✗ では、行ってまいります。

〇 ○○社に営業に行ってまいります。
△時ごろに帰社予定です。

実例 そろそろ時間ですので、○○社に営業に行ってまいります。16
時ごろに帰社予定です。

POINT 外出予定は予定表に書くだけでなく、口頭でも報告しましょう。「△
時ごろ」などと帰社の時間も具体的に伝えます。

取引先からのクレームを伝える

✗ ○○様に怒られました。

⭕ ○○様からお叱りを受けました。

実例 見積もりについて打診したところ、○○様からお叱りを受けました。いかがいたしましょう?

POINT 「怒られました」という表現はビジネスの現場では不適切。同じ意味ですが「お叱りを受けました」という言い回しを使います。

複数の案件を報告する

✗ いくつかご報告します。

⭕ 本日は○件、ご報告があります。

実例 進行中のプロジェクトについて、本日は3件、ご報告があります。

POINT 案件の数を事前に伝えずに話しはじめると、わかりづらくなります。「本日は○件」などと具体的に伝えれば、相手も頭を整理しながら聞けます。

会議の結果を報告する

✗ 先日の会議ですが、○○ということになりました。

⭕ 会議では△△、××などの候補が出ましたが、○○という方針でまとまりました。

実例 先日の会議では自社製作、外注などの候補が出ましたが、結果として「一部を外注に出す」という方針でまとまりました。

POINT 会議の報告をするときは結論だけでなく、「△△、××などの候補が〜」と結論にいたる過程も要約して伝えます。

✕ 読んでください。

〇 ご一読いただけると幸いです。

実例 明日の報告会の資料をお送りいたしますので、ご一読いただけると幸いです。

POINT 「読んでください」はあまりに一方的。読んでもらうことをお願いする立場なので、謙虚な表現を心がけます。

資料の内容を確認してもらう（文書）

✕ 確認してください。

〇 ご査収のほど、よろしくお願いいたします。

実例 ○○の資料を添付いたしますので、ご査収のほど、よろしくお願いいたします。

POINT 「ご査収」は、受領と確認をお願いする定番のフレーズ。口頭よりも文書でよく使われる言い回しです。

「優先して確認を」とうながす

✕ 急いでいるので、いちばんに確認してください。

〇 急ぎの案件でございますので、○○をいちばんにご確認いただけますでしょうか？

実例 昨日お送りしました資料ですが、急ぎの案件でございますので、そちらをいちばんにご確認いただけますでしょうか？

POINT 優先して読んでもらいたいときは上のような言い回しを使います。強制するわけではないので、疑問形でお願いします。

病欠を申し出る

✗ 今日、休ませていただきます。

⭕ **本日はお休みを**
いただきたいのですが……。

実例 昨晩から体調がすぐれないため、本日はお休みをいただきたいのですが……。

POINT 実際には出勤できなくても「お休みをいただきます」という断定口調は避け、上のように許可を願い出る言い回しを使います。

出先に直行することを告げる

✗ 明日は直行します。

⭕ **先方に立ち寄りましてから**
出社いたします。

実例 明日、9時より△△社で打ち合わせがあるため、先方に立ち寄りましてから出社いたします。

POINT 自宅から出先へ直行する場合、前日に、上のような言い回しで伝え、さらに行き先を予定表にも記入しておきます。

出先から直帰することを告げる

✗ たぶん遅くなるので、終わったら直帰します。

⭕ **本日はこのまま直帰させていただきます。**

実例 ○○社との打ち合わせが先ほど終了しました。本日はこのまま直帰させていただきます。

POINT 直帰の連絡は外出先で終業時間を過ぎたあとに行います。「たぶん遅くなるので～」と事前にはNGです。

相談する

相談は、相手に時間をつくってもらうことでもあるので、事前に内容を整理しておくようにします。また、相談を受けるときは、どんな内容でも、真摯な態度でのぞみましょう。

□「何を」「誰に」解決してもらいたいのかを整理する

相談の前に、悩みの内容を自分で整理しておくことが大切です。内容が明確であれば、誰に相談すればよいかもわかります。

何を相談する?

相談の内容を整理します。このとき紙に書き出すのがおすすめ。現状説明に「自分の考え」をプラスしてまとめましょう。次の流れを意識しながら相談します。

```
前置き
  ↓
相談  困っていること
      悩んでいること    ＋   自分の
      迷っていること        考え
  ↓
お礼と報告
```

誰に相談する?

悩みはおもに下の3つのどれかに当てはまります。悩みの内容に応じて相談相手を決めましょう。

悩み
- 答えを見つけたい → 上司
- アドバイスがほしい → 先輩
- グチを言いたい → 同僚

相談を聞いてもらうときの「前置き」の言葉

いきなり相談の内容を述べるのではなく、前置きのフレーズを入れると、そのあとの話がスムーズになります。たとえば、**1** は公私を問わずに使える前置き。**2** は職務上の相談で急を要する案件に対して使います。**3** は時間的に余裕のある場合や相談に時間がかかる場合に効果的です。

1 恐れ入りますが、
じつはご相談したいことが〜

2 突然のお願いで恐縮ですが、
じつは、ご相談したいことがあります。

3 ○○さん、折り入って
ご相談したいことがあるのですが、
今週中にお時間をいただけないでしょうか？

悩みを聞いてもらったら「お礼と報告」を忘れずに!

明確な結論が出なかった場合でも、**1** のように「整理がつきました」と感謝の意を表します。相手の忠告や意見によって新たな可能性を感じたときは、**2** のような言い回しで、深い感謝の意を表しましょう。後日、問題が解決したら、お礼と報告を忘れずに。

1 先日は貴重なお時間をいただき、
ありがとうございました。
おかげさまで気持ちの整理がつきました。

2 昨日はありがとうございました。
アドバイスをいただいて、迷いが消えました。
ほんとうに○○さんのおかげです。
また、相談させてください。

☐ スマートな相談の受け方

相談を受けるときは、相手が何を求めているかを考えます。答えではなく、同意・共感してほしいだけかもしれません。どちらの場合も、真摯な態度で聞くことが前提です。忙しかったり疲れていたりするときは、後日にしてもらうほうがベター。おざなりな対応をしないようにしましょう。

OK
なふるまい

- 口をはさまないで聞く
- 落ち着いた態度で聞く
- あれこれ詮索しない

NG
フレーズ

✗ まどろっこしいな。
✗ 悩んでもムダだよ。
✗ そんなことも
わからないの？

✖ ちょっといいですか?

⭕ 折り入って相談があります。

実例 折り入って相談があります。準備チームのメンバーとしてご助力（じょりょく）いただけないでしょうか?

POINT 「ほかでもないあなたにぜひ相談したい」というニュアンスを込めた言い回しです。相手の責任感に訴えます。

重要な相談を持ちかける

✖ 相談したいんですが〜

⭕ 少しお時間をいただいて
よろしいでしょうか?

実例 少しお時間をいただいてよろしいでしょうか?　○○の予算についてご相談させてください。

POINT いきなり「相談したい」と切り出すのは唐突。疑問形のクッション言葉を置くことで、相手の都合を尊重する言い回しになります。

その場での対応を断られたときの声がけ

✖ いつだったら大丈夫ですか?

⭕ 何時ごろでしたら
ご都合がよろしいでしょうか?

実例 何時ごろでしたらご都合がよろしいでしょうか?　お時間がなければ明日以降でもかまいません。

POINT 相手の状況を見て、どの程度あとにすればよいかを判断し、適切なフレーズで提案するとスマートです。

✗ あの件、どうしたらいいでしょうか?

◯ ◯◯の件、いかがいたしましょうか?

> 実例　先方から再検討を依頼された件、いかがいたしましょうか?

POINT　「◯◯の件」など、質問する内容を明確にしながら、「いかがいたしましょうか?」とビジネスパーソンらしい言い回しでたずねます。

プライベートな悩みを切り出す

✗ プライベートなことで相談したいんですけど~

◯ 私ごとで大変恐縮ですが~

> 実例　私ごとで大変恐縮ですが、ご相談させていただけませんでしょうか?

POINT　「プライベートなこと」は「私ごと」と表現します。また、「ご相談させていただけませんでしょうか?」と疑問形にして相手の都合にも配慮しましょう。

目上の人にアドバイスを求める

✗ 教えてください。

◯ お知恵を拝借したいのですが~

> 実例　◯◯社のプレゼンを成功させた△△さんに、お知恵を拝借したいのですが、よろしいでしょうか?

POINT　まず「お時間をいただいてもよろしいですか?」とたずね、許可をもらってから、上のように切り出すとスムーズです。

目上の人に同席を打診する

✖ 一緒に来ていただきたいのですが……。

◯ ご同行いただけますでしょうか?

実例 ◯◯社との交渉はかなり難航しそうです。当日、ご同席いただけますでしょうか?

POINT 「一緒」は対等な立場の相手に使うので、目上の人に対しては失礼にあたります。疑問形で控えめにお願いしましょう。

頼れる相手に相談する

✖ ちょっと相談したいんですが〜

◯ ◯◯さんのご意見をうかがってから
結論を出したいと思います。

実例 提案書の内容について、◯◯さんのご意見をうかがってから結論を出したいと思います。ぜひ相談させてください。

POINT 「◯◯さんの」と強調することで、「頼りにしていること」を伝えます。この場合「気が向いたら〜」などの言い回しは避けましょう。

迷っていることを告げて相談する

✖ どうすればいいでしょう?

◯ ◯◯のことで迷っております。
ぜひ、ご判断をお聞かせください。

実例 イベント会場のレイアウトの件で迷っております。ぜひ、ご判断をお聞かせください。

POINT 相談の内容が「◯◯の件」というように限定できる場合は、上のような言い回しを使います。

解決策が見つからない点を強調して聞く

✕ 解決策を教えてください。

⦿ **解決策がわからず、途方に暮れています。
ぜひ、ご教示ください。**

実例 お客様からお叱りを受けてしまいました。解決策がわからず、途方に暮れています。ぜひ、ご教示ください。

POINT 対応の方法がわからないときに使う言い回しです。相手に教えを請うときは、「ご教示」「ご指導」などの言葉を使います。

相談の時間をのばしてほしいと頼む

✕ もう少し相談してもいいですか?

⦿ **ようやく出口が見えてきました。
もう少しお時間をいただけないでしょうか?**

実例 ○○社への売り込みについて、ようやく出口が見えてきました。もう少しお時間をいただけないでしょうか?

POINT 「ようやく出口が〜」と有意義な時間だったことを示唆し、「もう少し」と謙虚さを示しながらお願いをする表現です。

次回の相談をお願いする

✕ また相談してもいいですか?

⦿ **一度、考えをまとめてみます。
また改めてお時間をいただけますか?**

実例 とてもよいアドバイスをいただき、ありがとうございます。一度、考えをまとめてみます。また改めてお時間をいただけますか?

POINT 相手の意見で全面的には解決しなかった場合や時間的に余裕がない場合は、上のような言い回しで次回の相談をお願いします。

苦情を言う

ときには、相手の不手際を「苦情」として指摘する
必要がありますが、相手にもやむを得ない事情が
あるかもしれません。不快な言い回しは避け、信
頼関係を損なわないように注意しましょう。

□ 苦情の真意をきちんと伝えるステップ

苦情といっても、一方的にこちらの要
求を述べるのはNG。相手にきちんと
対応してもらうには、次のような手順
をふむことが大切です。

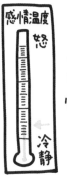

step 1 事実を確認する

ミスには不可抗力なものもありま
す。理不尽な苦情を述べてしまわ
ないよう、まず事実関係の確認を
行います。必要な資料を用意して、
伝えることをメモしておきましょう。

step 2 気持ちを落ち着ける

不快感を抱いてしまうのはしかたが
ありませんが、苦情を言うときは、
その感情を引きずらないように。
深呼吸して、冷静になりましょう。

step 3 苦情を言う

事前に用意したメモを見ながら、
余計なことはつけ加えず要点のみ
を述べることが大切。反感をかわ
ない気配りをするとスマートです。

□ スムーズな苦情の伝え方

苦情を言うときは次のように、相手の不手際を責めず、気持ちを尊重し、ソフトな言い回しを心がけます。結果的に、要求を受け入れてもらいやすくなります。

「依頼」の形にする

こちらの要求を依頼の形にすれば、表現がソフトになります。相手も反発を覚えず、こちらの要求に対応してくれるはずです。

 ・○○をお調べいただけませんか。
・○○を教えていただけますか。

相手の事情を考慮する

相手の非が明らかな場合でも、感情的にならず落ち着いて対応しましょう。
やわらかい丁寧な言い回しで「苦情の内容」や「望む対応」を伝えます。
断定的な表現で決めつけるような伝え方をせず、質問をしながら考えさせ、相手自身に間違いを気づいてもらうことが大切です。

 ・間違ったものが届きましたが、どうすればよろしいでしょうか。
・○○の件、ご再考いただいてもよろしいでしょうか。
・納品されていないようですが、何かご事情がございますか。

□ 誠意が伝わるクレーム対応のコツ

相手から苦情を受けたときは、相手の感情を刺激しないように、次のステップで冷静に対応します。

不愉快な思いをさせたことを謝る

まずは相手が不快感を覚えたことに対する謝罪を。少し低めのトーンで話すと誠実さが伝わります。

▼

ヒヤリングで状況をつかむ

相手から正確な情報を聞きとります。あいづちを打ちながら「話を聞いていること」を表現します。

▼

解決策を提案する

相手が納得できる解決策を提示します。その場で判断できないときは、あらためて連絡をします。

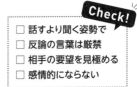

Check!
- □ 話すより聞く姿勢で
- □ 反論の言葉は厳禁
- □ 相手の要望を見極める
- □ 感情的にならない

苦情を言う前に前置きを述べる

✗ 問題点を言わせてください。

◯ こちらの勘違いかもしれませんが〜

実例 こちらの勘違いかもしれませんが、まだ企画書を送られていないのではないでしょうか？

POINT 前置きとして「こちらの勘違い・手違い」と謙虚な言い回しを使うと、そのあと、はっきりと問題点を指摘しても角が立ちません。

相手のミスを指摘する

✗ 非常に迷惑しております。

◯ 大変困惑いたしております。

実例 昨日までに弊社に届く予定の製品が、まだ到着しておりません。大変困惑いたしております。

POINT 「困惑いたして〜」と、相手の手違いをこちら側の状況から見た表現に言いかえると、やわらかな印象になります。

相手の言い分を受け入れられないときの返し方

✗ 受け入れられないですね。

◯ 納得いたしかねます。

実例 商品の到着が来週になるとのことですが、納得いたしかねます。

POINT 「納得できない」を上のように丁寧に言いかえて、表現をやわらげます。ほかに「受け入れがたい内容です」という言い方もあります。

約束が守られなかったときの指摘

✕ 解決策を教えてください。

⭕ **○○と申し上げたはずですが〜**

実例　15時までに納品してほしいと申し上げたはずですが、まだ弊社に届いておりません。

POINT　「言ったはず」ではなく、「申し上げたはず」「お願いしたはず」という言い回しで、表現をソフトにします。

期日が守られなかったときの指摘

✕ 期日が過ぎてますよ！

⭕ **お約束と違うようですが……。**

実例　先日のお話では、本日までに企画書をお送りいただくことになっていたようです。お約束と違うようですが……。

POINT　「先日のお話」「お約束」のように根拠を述べて客観性をもたせます。「○○となっていたようです」と遠回しに表現するのもポイントです。

相手のミスで大きな損害が出たことを伝える

✕ これまでのことが台無しですよ！

⭕ **立つ瀬がございません。**

実例　○○万円の損害が出てしまいました。このままでは弊社の立つ瀬がございません。

POINT　感情的にならず、冷静に事態の深刻さを伝える言い回しです。相手に過度な重圧をかけず、前向きな対応を求めることができます。

✕ とても残念です。

◯ 遺憾(いかん)です。

実例 ご配慮いただけなかった点は、遺憾です。

POINT 相手の対応に不満があるときは、はっきりと伝える必要があります。上のような定番フレーズで角が立たないように表現します。

相手の弁解に疑問を投げかける

✕ 非常に迷惑しております。

◯ わかりかねる点もございます。

実例 御社のプロセスに原因があるとのことですが、わかりかねる点もございます。

POINT 「判然(はんぜん)としない部分もございます」でもOK。「部分的には了解できる」という意思を伝え、全否定を避けます。

説明が納得できないことを伝える

✕ 意味がわかりません。

◯ 事の次第が判然といたしませんが～

実例 事の次第が判然といたしませんが、もう一度、くわしい経緯を教えていただけないでしょうか?

POINT 「わからない」という表現はビジネスの現場では不適切。原因や経緯をたずねることで、「理解したい」という意思を伝えられます。

相手が指示を変更したことを指摘する

✕ 前におっしゃっていたことと違うじゃないですか。

〇 ご指示いただいたとおりに
進行しておりますが～

実例 ポスターの図案について、ご指示いただいたとおりに進行しておりますが、方針が変更になったのでしょうか?

POINT 「前におっしゃっていたことと違う～」と相手の行動を責めず、「ご指示いただいた～」と自分の視点から見た表現に言いかえます。

解釈の違いがあったことを示す

✕ そんなこと言ってませんよ!

〇 ○○に齟齬(そご)があるようですが～

実例 内容に齟齬があるようですが、再考していただいてもよろしいでしょうか?

POINT 双方の解釈に違いがあることを丁寧に伝える表現です。つづけて、相談や交渉の余地についてもたずねると、スムーズに進行できます。

改善点が反映されていないことを伝える

✕ まだ直ってないじゃないですか!

〇 より一層の善処(ぜんしょ)を求めます。

実例 確認しましたが、まだ問題点が改善されていないようです。より一層の善処を求めます。

POINT 「まだ直ってない～」と感情的な言葉をぶつけるのはNG。「より一層の善処を～」という丁寧な言い回しで自分の気持ちを伝えます。

席次

応接室／会議室、タクシー、エレベーターの「上座」はどこ？

目上の人が座るべき場所を「上座（かみざ）」、目下の人の場所を「下座（しもざ）」と呼びます。基本ルールを覚えて相手を正しい位置に案内しましょう。

応接室／会議室

応接室では、出入口からいちばん遠い席が上座、出入口にいちばん近く、上座からもっとも遠い席が下座。会議室は、議長を中心に囲んで座り、議長に近いほうから上座となります。

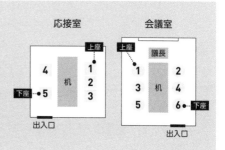

タクシー

運転席のうしろの後部座席が上座、助手席が下座です。取引先の人や自分の上司が運転する場合は、助手席が上座となります。

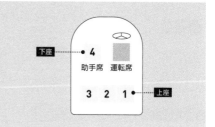

エレベーター

出入口から奥の中央が上座、操作ボタンの前が下座となります。人数が多い場合は、奥の右側（出入口から見て左側）が上座です。

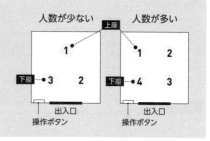

第**3**章

人を動かす
ときの言いかえフレーズ

お願いする

お願いするときは、そこにどんな意図が含まれているのか、相手に伝わるように表現することが大切です。相手を尊重する言い回しを心がけながら、自分の意図をはっきり伝えましょう。

☐ お願いするときの4つのカテゴリー

お願いには、おもに次のような意図が込められています。自分の意図がどのカテゴリーに当てはまるかを意識すると、相手に正確に伝わるようになります。

命令 上司から部下への業務命令など。相手は拒否できないので、一方的な言い回しにならないように配慮しましょう。

依頼 同僚や部下へ頼みごとをするようなケース。へりくだった表現を心がけ、角が立たないようにすればスマートです。

説得 相手に行動してもらうために、「説得」が必要な場合もあります。事前に話を組み立て、論理的にお願いをします。

説教 部下に対して、適切な行動を提示する場合は「説教」になります。高圧的な言い回しにならないように注意します。

□ 相手をうなずかせる「説得」のパターン

相手がお願いを聞いてくれない場合は、論理的に説明して「説得」する必要があります。ここでは、論理的な話し方のパターンを紹介します。

結論と理由を述べて説得力アップ

状況によって「理由→結論」の順に告げる方法と、「結論→理由」の順に告げる方法を使い分けますが、後者のほうがインパクトがあります。

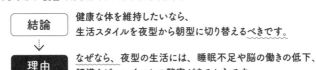

健康な体を維持したいなら、
生活スタイルを夜型から朝型に切り替えるべきです。

なぜなら、夜型の生活には、睡眠不足や脳の働きの低下、
肥満など、いくつかの弊害があるからです。

一般論と具体例でよりわかりやすく

まず一般論を述べ、そのあと具体例をあげて説得力をもたせて、「だから、○○してください」とお願いすると効果的です。

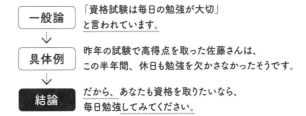

「資格試験は毎日の勉強が大切」
と言われています。

昨年の試験で高得点を取った佐藤さんは、
この半年間、休日も勉強を欠かさなかったそうです。

だから、あなたも資格を取りたいなら、
毎日勉強してみてください。

反論を交えて結論を強める

上の「具体例」を「反論」に変えます。一般論に対する反論を提示し、結論で解決策を提案します。一般論からよい部分を取り入れて、説得力のある結論を導くのがポイントです。

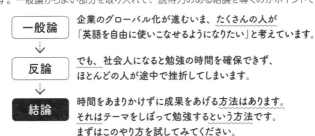

企業のグローバル化が進むいま、たくさんの人が
「英語を自由に使いこなせるようになりたい」と考えています。

でも、社会人になると勉強の時間を確保できず、
ほとんどの人が途中で挫折してしまいます。

時間をあまりかけずに成果をあげる方法はあります。
それはテーマをしぼって勉強するという方法です。
まずはこのやり方を試してみてください。

✕ 急いでいませんので、暇なときにでも〜

○ お忙しいとは存じますが、
お手すきの折にでも〜

実例 お忙しいとは存じますが、お手すきの折にでも、こちらの資料
をご確認ください。

POINT 「お手すきの折に〜」は急ぎの用件ではないことを言外に含んでいま
す。「暇なときにでも〜」は上から目線の言葉なのでNGです。

目上の人への、すでにお願いしていた用件を確認する

✕ ぜひともお願いします。

○ お取りはからいのほど、
よろしくお願いいたします。

実例 ○○社の部長さんにお話を通していただく件、お取りはからい
のほど、よろしくお願いいたします。

POINT 「お取りなしのほど、よろしくお願いいたします」でもOK。どちらも
トラブルをおさめてほしいときなどに使います。

同僚に用事をお願いする

✕ ごめんなさい、ついでにお願いしちゃいます。

○ お使いだてして申し訳ありませんが〜

実例 お使いだてして申し訳ありませんが、こちらの資料を広報部へ
届けていただけますでしょうか?

POINT 「お使いだて」は「人に用事をしてもらうこと」という意味。目上の人
に使うのは不適切です。同格の人に使います。

部下・後輩にお願いする

✕ なんとか助けてください。

◯ どうかお骨折りをお願いします。

実例 ◯◯さんしかこの仕事はできません。どうかお骨折りをお願いします。

POINT 部下や後輩に対しても敬意をもって接します。「ぜひお願いします」でもOKですが、上のほうがより丁寧な表現です。

無理なお願いをする

✕ 今回は甘えさせてもらいます。

◯ 勝手を言って申し訳ありません。

実例 あと100箱、ご手配いただけないでしょうか？　勝手を言って申し訳ありません。

POINT 「勝手を言って〜」は重ねてお願いする言葉ですが、承諾してもらった直後にこう言えば、お礼の言葉になります。

締め切りの延期を丁重にお願いする

✕ もう少し待ってもらうのは、むずかしいですか？

◯ ご猶予をいただくわけには 参りませんでしょうか？

実例 いましばらく、ご猶予をいただくわけには参りませんでしょうか？　じつは、データの収集に少々手間どっております。

POINT 延期をお願いするときは、上のように述べてから「じつは〜」とつづけて事情を説明します。日程に余裕がある時期に切り出しましょう。

✕ ○○さん、お願いできますか?

○ **ほかならぬ○○さんに
お願いしたいのです。**

実例 この交渉は、ほかならぬ○○さんにお願いしたいのです。

POINT 「ほかの誰でもないあなたに」「あなたにしかできない仕事」といった
ニュアンスを伝えるフレーズで、相手をその気にさせます。

どうしても引き受けてもらいたいときの前置き

✕ どうしてもお願いしたいんです。

○ **ほかに相談できる方もおらず、
○○さんだからお願いするのですが〜**

実例 ほかに相談できる方もおらず、○○さんだからお願いするので
すが、来週の会議でぜひ提案してほしいことがあります。

POINT 特定の相手に「助けてほしい」という強い気持ちを伝える表現です。
相手にも「助けてあげよう」という心理が働きます。

相手の負担になることをお願いする

✕ ちょっと大変だけど、お願いしますよ。

○ **ぜひお力を発揮して
いただきたいのです。**

実例 この仕事には○○さんの能力と経験が必要になります。 ぜひ
お力を発揮していただきたいのです。

POINT 相手の「どんなところ」に期待をかけるのか、認めているのかを明確に
して伝えることが重要です。

忙しさを承知のうえでお願いする

✕ むずかしいと思うのですが〜

◯ お願いするのは忍びないのですが〜

実例 忙しい〇〇さんに、お願いするのは忍びないのですが、来週のプレゼンの準備にご協力いただけないでしょうか?

POINT 「むずかしいことをお願いしている」という気持ちを伝えるフレーズ。態度や口調でも謙虚な気持ちを表すのがポイントです。

無理なお願いする

✕ これは無理ですか?

◯ 無理を承知で申し上げるのですが〜

実例 無理を承知で申し上げるのですが、納期を遅らせていただくことはできないでしょうか?

POINT 相手の事情に配慮しつつ、こちらの事情も理解してほしいことを伝えるフレーズです。

重要・緊急ではない用件をお願いする

✕ 可能ならお願いします。

◯ 差し支えなければお願いします。

実例 時間のかかる作業ですが、差し支えなければお願いします。

POINT 「そちらにもご都合があるかと思いますが〜」と、相手の事情に配慮していることを示す言い回しです。

✕ やったことがないので、わかりません。

◯ ## ご指導をお願いいたします。

実例 このアプリケーションを使うのははじめてです。ご指導をお願いいたします。

POINT 「やったことがない」は傲慢なイメージに。「不慣れでして」や「勉強不足で恐縮ですが」などをつけ加えると、より謙虚な印象になります。

✕ すぐに見ていただけますか?

◯ ## 急なお願いで恐縮です。
すぐにご確認いただけますでしょうか?

実例 急なお願いで恐縮です。急ぎの案件なので、すぐにご確認いただけますでしょうか?

POINT 急なお願いは相手に負担がかかります。まずは急ぎの案件であることを伝え、ふだんより丁寧な表現でお願いしましょう。

✕ なんとかもう一度、考えていただけませんか?

◯ ## ご再考をお願いできませんでしょうか?

実例 キャンペーンの件、ご再考をお願いできませんでしょうか?

POINT 一方的にお願いするのではなく、「弊社といたしましても、最大限努力するつもりです」など、譲歩の姿勢をつけ加えましょう。

面倒なことをお願いする

✕ ○○していただくのはむずかしいでしょうか？

○ **誠に厚かましいお願いで恐縮ですが～**

実例 誠に厚かましいお願いで恐縮ですが、100本ほど追加でご用意いただけないでしょうか？

POINT 「面倒な作業を強(し)いることは承知している」というメッセージを伝えてお願いするフレーズです。

相手の自尊心に訴えてお願いする

✕ △△さん、そこをなんとかお願いしますよ。

誰でもいいというわけではありません。

実例 先ほどお話ししました○○社の案件、誰でもいいというわけではありません。ぜひ△△さんにお願いします。

POINT 「誰でもいいというわけでは～」という前置きのフレーズで相手の自尊心を刺激します。乱用すると信ぴょう性がなくなるので注意。

しかるべき対応をお願いする

✕ 対応していただけませんか？

○ **ご善処いただけませんでしょうか？**

実例 ○○の件、ご善処いただけませんでしょうか？

POINT 「ご善処～」は「前向きに対応をお願いしたい」という気持ちを丁寧に表現するフレーズです。

✕ 絶対○○してください！

⭕ ○○していただくよう、切に願います。

実例 締め切りまで時間がありません。明日までにお送りいただくよう、切に願います。

POINT 「絶対〜」はビジネスパーソンとしては稚拙な印象を与えるので、同じ気持ちを「切に願います」という言葉で表現します。

繁忙期にお願いをする（文書）

✕ お忙しいとは思いますが〜

⭕ ご多用中とは存じますが〜

実例 ご多用中とは存じますが、ご一読いただけますと幸いです。

POINT 相手の手間や時間について配慮しながらお願いするときに使うフレーズです。月末・年末の繁忙期にはとくに重宝します。

「どうしても」という気持ちを込めてお願いする（文書）

✕ ほんとうにお願いします。

⭕ 伏してお願い申し上げます。

実例 ご協力をお願いした件、伏してお願い申し上げます。

POINT 「伏して」という言葉によって、頭を下げている姿を相手に連想させます。「どうしてもお願いしたい」という気持ちを伝えられます。

理解してほしいことを伝える

✕ わかってくださいよ。

⭕ ○○を、どうかお汲み取りください。

実例 弊社の厳しい状況を、どうかお汲み取りください。

POINT 「お汲み取り〜」は「こちらの気持ちを理解してもらえればありがたい」という内容を丁寧に伝えるための表現です。

覚えてもらうようにお願いする

✕ 覚えておいてください。

⭕ ぜひ、お見知りおきください。

実例 こちらが弊社のラインナップです。ぜひ、お見知りおきください。

POINT 「お見知りおき」は「見るだけではなく、覚えてください」という気持ちを相手に押しつけずに伝えるフレーズです。

「見守ってほしい」とお願いする

✕ がんばります。

⭕ ご鞭撻のほど、よろしくお願いいたします。

実例 これを教訓に心機一転、取り組んで参ります。ご鞭撻のほど、よろしくお願いいたします。

POINT 「ご鞭撻」は謙遜の気持ちを示しながら、同時に「お願い」も含んだ表現です。「今後もがんばる」という意思も伝えられます。

✖ 見ておいてください。

◯ ご高覧ください。

実例 明日の会議の資料をお送りしますので、ご高覧ください。

POINT 「ご高覧」は相手が「見ること」を尊重する表現です。感想をもらいたいときは「ご高評いただければ幸いです」とつけ加えます。

気持ちを察しながらお願いする

✖ つらいでしょうが、お願いします。

◯ ご苦衷をお察ししますが～

実例 ご苦衷をお察ししますが、なんとかお願いできないでしょうか?

POINT 「苦衷」とは「苦しい心のうち」という意味。つらい気持ちを察していることを伝えながら、それでもお願いをしたい場合に使うフレーズです。

許しをこう(文書)

✖ お許しください。

◯ ご寛恕くださいますよう、お願い申し上げます。

実例 このたびの弊社のミスにつきまして、ご寛恕くださいますよう、お願い申し上げます。

POINT 自分や他者(部下など)のミスについて許しをこうときに使うフレーズです。おもに文書で「お願いする」言い回しです。

✗ ぜひお越しください。

〇 ご臨席（りんせき）たまわりますよう、
お願い申し上げます。

実例 ▶ 来月の発表会にご臨席たまわりますよう、お願い申し上げます。

POINT 「ご臨席」は、目上の人や取引先の人に「ぜひとも来てほしい」という気持ちを伝える表現です。おもに文書で使われます。

参加をうながす（文書）

✗ 絶対に参加してください。

〇 万障お繰り合わせのうえ〜（ばんしょう）

実例 ▶ 1月8日に新年会を行います。万障お繰り合わせのうえ、ご出席ください。

POINT 「時間や用事を調整して出席してほしい」という気持ちを伝える表現です。文書でパーティーなどあらたまった場に誘うときに使います。

承諾を得る（文書）

✗ そこをなんとかお願いします。

〇 ご高承をいただきたく〜（こうしょう）

実例 ▶ この件につきまして、ご高承をいただきたく、お願い申し上げます。

POINT 「ご高承」は「相手を敬いつつその人が承知することをうながす」表現です。おもに手紙などで使われる表現です。

交渉する

「交渉」は、自分の利益を一方的に引き出すためではなく、お互い納得できる合意点を見出すための共同作業と考えます。交渉の流れをふまえつつ、適切なフレーズを使いましょう。

□ 「イエス」を引き出す交渉の7か条

こちらのお願いを承諾してもらうためであっても、卑屈な態度や横柄な態度は逆効果。つねに相手を敬い、誠意を持って接するようにしましょう。一方で、遠慮しすぎる必要はありません。押すところは押し、引くところは引く。互いを尊重し合いながら合意点を見つけるのが上手な交渉です。

その **1**	卑屈にならない
その **2**	横柄にならない
その **3**	敬意と誠意を持つ
その **4**	はっきり主張する
その **5**	きちんと意見を聞く
その **6**	押すところは押す
その **7**	引くところは引く

□ うまくいく交渉の作法

交渉で重要なのは、「結果」ですが、その前後のふるまいや態度も大切です。交渉の前は雑談で場をなごませ、冷静に話し合える場の空気をつくります。交渉後は「決定事項の確認」や「今後の確認」もしっかり行います。

● 交渉の手順

1 雑談で場をなごませる

2 交渉する

3 決定事項の確認

4 今後の確認

Check!

取引先での話題に注意

交渉を有利に進めようとして「こんな話、ご存じですか」とご注進するのはやめましょう。とくに次の6つの話題は絶対にNG。「信用できない人物」という評価が定着してしまいます。

- ・企業秘密　　・自社の戦略
- ・個人情報　　・他社の悪口
- ・自社への不満　・噂話

□ 交渉成立後にスマートに切り上げるコツ

交渉が早めに成立した場合、あとの時間は雑談というケースもありますが、一般的には話を切り上げてスマートに退席したほうがよい印象を与えられます。腕時計や部屋の時計を見ながら、次のフレーズで切り上げましょう。

気づけばもう○時ですね。
こんな時間まで失礼しました。

ついついたくさん
お話ししてしまいました。
もうこんな時間ですね。

こんな時間まで
申し訳ございません。
このあとのご予定は
大丈夫ですか。

相手の言い分を聞いてから反論する

✖ はい、はい。

〇 そうですね、たしかに
ごもっともなお話です。 ですが〜

実例 そうですね、たしかにごもっともなお話です。 ですが、やはりコスト面でかなり厳しくなると思います。

POINT 交渉中は上のような言い回しで相手の意見に一理あることを認めてから、「ですが〜」などと切り返します。

話し合いが長引きそうなときの前置き

✖ 大切なところなので、もう少しお時間をください。

〇 少し長くなるかもしれません。
お時間はよろしいでしょうか?

実例 少し長くなるかもしれません。 お時間はよろしいでしょうか? くわしく説明すれば、納得していただけると思います。

POINT 商談が長引きそうなときは、相手に予定を聞きましょう。「大切なところなので〜」はこちらの一方的な事情なのでNG。

相手の意見に同意して認める

✖ それ、いいですね!

〇 それは検討の価値がありそうですね。

実例 それは検討の価値がありそうですね。 来週までに調査して結果をご報告いたします。

POINT いったん相手の意見に同意して引きます。認めるべきことは認めるという態度を示せば、そのあとの交渉もスムーズになります。

✕ まずは進めてみませんか？

⭕ 不安材料が
ないわけではありませんが～

実例 不安材料がないわけではありませんが、まずは着手してみない
と、問題点が見えてこないのではないでしょうか？

POINT 相手の心配する気持ちに配慮しながら、行動をうながしたいときに
使うフレーズです。

相手の意見に反対するときの前置き

✕ それは違うんじゃないですか？

⭕ お言葉を返すようですが～

実例 お言葉を返すようですが、その方法では、クライアントの同意
が得られないように思えます。

POINT いきなり反対意見を述べず、「お言葉を～」とクッション言葉を入れ
ることで、相手もこちらの意見に耳を傾けてくれるようになります。

相手の事情を認めていることを示す

✕ ご事情はわかりますよ。

⭕ ○○は、重々お察しします。

実例 御社の苦しい状況は、重々お察しします。

POINT 「事情はわかる」を「察する」という表現でやわらげることで、相手の
気持ちに寄りそえば、そのあとの交渉をスムーズに行えます。

✗ そうじゃないでしょう!

○ 大筋ではそうかもしれませんが〜

実例 大筋ではそうかもしれませんが、他部署の意見を聞いてから結論を出すべきだと思います。

POINT 「全体的には賛成だが部分的には反対」という意思をスマートに伝える表現です。直接的な言葉より相手が受け入れやすくなります。

スマートに反論する

✗ いや、それはおかしいと思います。

○ ご指摘はごもっともですが〜

実例 そのご指摘はごもっともですが、そもそも梱包の方法に問題があるのではないでしょうか。

POINT 「ご指摘は〜」のように、いったん相手の意見に賛成してから反論するほうが感情的な対立が生まれにくくなります。

くわしい話を聞き出す

✗ くわしく教えてほしいのですが〜

○ 立ち入ったことをお聞きしますが〜

実例 立ち入ったことをお聞きしますが、ご予算はおいくらぐらいとお考えでしょうか?

POINT 相手が答えにくそうなこと、核心を突くことを聞き出したいときに、このフレーズを前置きにすると、相手が話しやすくなります。

✕ そこをなんとかお願いしますよ。

◯ もっとも懸念されることはなんでしょうか?

実例 この商品を仕入れていただく場合、もっとも懸念されることはなんでしょうか?

POINT 同意が得られないときに、障害となっている理由をスマートに聞き出すためのフレーズです。理由がわかれば、解決策を提案できます。

譲歩して受け入れる

✕ しかたがないので、◯◯させてもらいますよ。

◯ せっかくのご縁ですので〜

実例 せっかくのご縁ですので、その予算でやらせていただきます。

POINT 「せっかくのご縁〜」という表現を使うことで、自分が譲歩したうえで受け入れたことを示せます。

特別な印象を与える

✕ これはほかの人に言ってませんが〜

◯ ここだけの話なのですが〜

実例 ここだけの話なのですが、来春にはバージョンアップ版がリリースされることになっています。

POINT 「ここだけの話〜」と特別な印象を与えることで、相手の決心を後押しします。ただし、機密情報などをもらすのはNGです。

✖ もう決めてしまいましょう！

◯ ご納得いただける内容では
ないでしょうか？

実例 今後の展開を考えると、ご納得いただける内容ではないでしょうか？

POINT 尻込みする相手に決断をうながすフレーズ。どちらにもメリットがあることを誠実に訴えます。

相手の決断をもう一押しする

✖ そこをなんとか決めてくださいよ。

◯ 身勝手なお願いではありますが〜

実例 身勝手なお願いではありますが、ここでご決断いただけるととても助かります。

POINT 「身勝手な〜」と一歩譲る姿勢を見せながらも、譲れない部分があることを示す言い回しです。

これだけは譲れないと主張する

✖ これ以上はちょっと無理ですよ。

◯ 正直に申し上げますが、
これが最大限の努力でございます。

実例 正直に申し上げますが、これが最大限の努力でございます。お試しいただくようお願いいたします。

POINT 譲歩がむずかしい場面で、上のフレーズを切り札として使います。その前に、相手のメリットを十分に説明しておく必要があります。

脱線した話をもとにもどす

✖ 話が脱線しているので、もとにもどします。

⭕ ## 話が盛り上がっていますが、
このあたりで～

実例 話が盛り上がっていますが、このあたりで当日の段取りについてまとめてみませんか?

POINT 「脱線している」と言えば、脱線させた人を非難することになります。「話が盛り上がっている」と表現すれば波風が立ちません。

意見が出そろったときのまとめ

✖ もう意見はないですよね?

⭕ ## ○○さんのご意見と
私どもの提案をまとめますと～

実例 ○○さんのご意見と私どもの提案をまとめますと、A案とB案を合わせて調整した形になりそうですね。

POINT 「○○と△△をまとめますと～」は折衷案を探る表現。問題点を整理するなら「メリットとデメリットを整理してみませんか?」と言います。

機密事項を聞かれたときの返し方

✖ 機密事項はお伝えできませんよ!

⭕ ## 私にはわかりかねます。
上司に相談させてください。

実例 この商品の具体的な原価ですか? 私にはわかりかねます。上司に相談させてください。

POINT はじめは「さあ、どうでしょうか」とかわします。再度たずねてきたら、上のような表現でスマートに話をそらしましょう。

✕ そんなのわかりませんよ！

〇 私の一存では
判断いたしかねますので〜

実例 そちらの件は、私の一存では判断いたしかねますので、のちほど確認してお返事いたします。

POINT 上司に確認の必要がある場合、上のフレーズで答えを保留にします。「〇日までにご回答いたします」と期限を述べるとなお丁寧です。

再提案の時期を聞く

✕ また連絡していいですか？

〇 どのくらいのタイミングで
ご連絡を差し上げればよろしいでしょうか？

実例 社内で企画を練り直してお持ちします。どのくらいのタイミングでご連絡を差し上げればよろしいでしょうか？

POINT こちらの都合だけで話を進めるのは相手に不快感を与えます。相手に決めてもらうことで、よい関係を保てます。

こう着状態に陥ったときの切り上げ方

✕ 話が進みませんね。やはり無理ですか。

〇 一度持ち帰らせてください。

実例 一度持ち帰らせてください。後日再提案させていただきます。

POINT 折り合えない場合は「一度持ち帰らせて〜」と言って話を切り上げます。実際は交渉決裂でも「再提案」を申し出るほうがよいでしょう。

✕ では、この話はなかったことに。

○ 一度、白紙にもどさせて いただけないでしょうか?

実例 お話が進まないようなので、この件は一度、白紙にもどさせて いただけないでしょうか?

POINT 「一度、白紙にもどす」は「なかったことにする」と遠回しに告げるフレーズです。直接的に表現するよりも角が立ちません。

相手の要求を受け入れる

✕ それでいいです。

○ ○○さんには根負けいたしました。

実例 わかりました。○○さんには根負けいたしました。その方向で 進めていきましょう。

POINT 譲歩してもかまわないときに、このような表現で相手を立てます。「駆け引きがお上手ですね。いや、参りました」という言い方もあります。

話がまとまらなかったときのフォロー

✕ 今回は残念でした。次回はなんとかお願いします。

○ 今回は残念な結果になりましたが、 今後ともよろしくお願いいたします。

実例 今回は残念な結果になりましたが、今後ともよろしくお願いいたします。また提案させていただきます。

POINT 「次回はなんとか〜」は厚かましい感じがするのでNG。おつき合いをつづけたいなら、上の例のようによい印象を与える言い回しを。

催促する

上手に催促するためには、きちんと仕事を依頼しておくことが前提となります。こまめに進捗を確認し、遅れている場合は、サポートを申し出るなどして、一緒に仕事に取り組む姿勢を示しましょう。

□ スムーズに催促する3ステップ

スムーズに催促をするために、依頼の段階できちんと仕事の内容と期日を伝えておきます。相手が誤解しないよう、あいまいな表現は避け、具体的に説明しておくことが重要。進行が遅れた場合に備え、期日は前倒しで伝えておきましょう。

step **1** 依頼する	● 内容を正確に説明する ● 期日を前倒しで伝える ● 不明な点がないかを確認する
▼	
step **2** 催促する	● 経過を聞く ● 締め切りの前に確認する ● 締め切りのあとに催促する
▼	
step **3** 重ねて催促する	● 現状を正確に伝える ● 具体的な行動をお願いする ● 期日を再設定する

□ 締め切り後の催促の手順

催促しても相手に対応してもらえなかったときは、再度催促します。一度目より毅然とした態度をとりつつも、相手を責め立てるのは控えましょう。次のような手順で催促するとスムーズに催促できます。

現状を正確に伝える

対応が遅れているのは、相手が状況を正確に把握していないためかもしれません。こちらの事情を説明し、切迫していることを理解してもらいます。

具体的な行動をお願いする

具体的な行動を求めることで、こちらの催促の意思がより強く伝わります。この段階であれば、相手にプレッシャーを与えることも必要です。

POINT

感情を交えない
感情を交えても事態は好転しません。淡々と会話をするよう心がけましょう。

期限を再設定する

相手と相談しながら締め切りを再設定します。こちらの事情だけではなく、相手の状況にも配慮しながら、実現可能な期限を設定します。

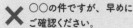

Check!

あいまいな表現はしない
あいまいな表現では催促の意図が伝わりません。相手がすぐに対応してくれるように表現を工夫します。

✕ ○○の件ですが、早めにご確認ください。

◯ ○○の件、明日までにお返事をいただけますか。

締め切り後

✕ ○日までにお願いします。

○ **○日までにいただけると助かるのですが、いかがでしょうか?**

実例 お願いしておりました企画案の件、15日までにいただけると助かるのですが、いかがでしょうか?

POINT 「○日まで」と締め切りを意識させながら、進捗の状況を聞き出す言い回し。承諾してもらったら「お待ちしております」と返します。

進捗の状況を確認する

✕ 進捗はどうですか?

○ **いつごろいただけそうでしょうか?**

実例 商品サンプルの件、いつごろいただけそうでしょうか?

POINT 強く催促しているように聞こえないよう「お忙しいところ申し訳ありませんが」といった気づかいの言葉をそえるとよいでしょう。

進捗の遅れを指摘する

✕ ○○の件、お待ちしていたのですが〜

○ **ご多忙のところ、誠に恐縮ですが、○○の件、いかがでしょうか?**

実例 ご多忙のところ、誠に恐縮ですが、提案書の件、いかがでしょうか?

POINT 「誠に恐縮ですが〜」と前置きして低姿勢で協力をうながします。「お待ちしていたのですが〜」は責める表現になるので避けましょう。

✗ ○○の件、どうなりました?

○ <u>そういえば、○○の件ですが〜</u>

実例 そういえば、新製品発表会の件ですが、準備の状況を教えて
いただけますか?

POINT 雑談のように切り出しながら、さりげなく対応をうながす言い回し
です。「○○の件、仕上がりを楽しみにしております」でも○K。

返信・回答をうながす

✗ お返事をいただけませんか?

○ <u>ご検討いただけましたでしょうか?</u>

実例 先週お願いした企画案の件、ご検討いただけましたでしょうか?

POINT 「返事がほしいこと」を伝えたいときに使う言い回し。「その後、いか
がでしょうか?」もスマートな表現です。

相手を立てながら催促する

✗ ○○の件、どうなりました?

○ <u>勝手を申し上げて恐縮ですが、
いつごろになりそうでしょうか?</u>

実例 報告書をいただく件、勝手を申し上げて恐縮ですが、いつご
ろになりそうでしょうか?

POINT たとえ要求が理にかなったものであっても「勝手を申し上げて〜」と
へりくだった表現にすると、相手が対応しやすくなります。

✗ まだ終わりませんか?

◯ いろいろ事情がおありかと
存じますが〜

実例 いろいろ事情がおありかと存じますが、今週中に仕上げていただけると大変助かります。

POINT 相手の事情に対する理解を示しつつ、これ以上は待てないことを伝えながら、早急に取り組んでもらうようにお願いします。

おわびしてから催促する

✗ ○○をしていただけますか?

◯ ご連絡が遅くなり、申し訳ありません。
さっそくですが〜

実例 ご連絡が遅くなり、申し訳ありません。さっそくですが、企画書の件について、進捗はいかがでしょうか。

POINT 最初に自分の非を認めるフレーズでおわびをすれば、催促の言葉を切り出しやすくなります。

期日の直前に進捗を確認する

✗ 早く対応してほしいのですが。

◯ 期日が迫ってまいりましたので〜

実例 期日が迫ってまいりましたので、ご連絡を差し上げました。

POINT 「早く対応して〜」とストレートに表現せず、「期日が迫って〜」と客観的な事実を述べて表現をやわらげます。

✕ 早くしてください！

⭕ <u>せかすようで申し訳ございませんが〜</u>

実例 せかすようで申し訳ございませんが、来週の納品に間に合うようにご対応をお願いします。

POINT 相手を気づかいながら切迫感を伝える言い回し。何度お願いしても行動してくれない相手に催促する場合にも使えます。

10 催促する

対応が遅れている相手をせかす

✕ ○○の件は大丈夫ですか？

⭕ ご準備いただいているとは思いますが、<u>見通しはいかがでしょうか？</u>

実例 来週の納品日が迫っています。ご準備いただいているとは思いますが、見通しはいかがでしょうか？

POINT 自分の予定を述べて、間接的に相手に対応を要求します。最後に「勝手を申し上げて申し訳ありません」とおわびのフレーズをそえます。

困っている状況を伝える

✕ 迷惑しています。

⭕ <u>○○に支障をきたしております。</u>

実例 スタッフの作業が止まってしまい、進行に支障をきたしております。明日までにいただくことは可能でしょうか？

POINT 多くの人が困っている状況を遠回しに表現します。切迫した状況を訴えることで相手の対応をうながします。

✕ 遅れないようにしていただけますか?

◯ <u>誠意のあるご対応</u>をお願いします。

実例 期日を3日も過ぎております。誠意のあるご対応をお願いします。

POINT 「誠意のある〜」という言い回しで相手の良心に訴え、対応を急いでもらうためのフレーズです。

遅れている入金を催促する

✕ まだ入金されていないのですが?

◯ すでにお手続きいただいておりましたら、行き違いですのでご容赦ください。

実例 まだご入金されていないようです。すでにお手続きいただいておりましたら、行き違いですのでご容赦ください。

POINT すでに相手が対応している場合もあるので、気分を害さないように「行き違い」と表現し、「ご容赦〜」とおわびの言葉をつけ加えます。

品物の返却を催促する

✕ 早くお返しください。

◯ 恐れ入りますが、<u>こちらでも必要</u>になりまして〜

実例 恐れ入りますが、こちらでも必要になりまして、早めにご返却いただけますと助かります。

POINT 「こちらでも必要」と理由を述べて返却をうながします。返却期限を決めていた場合は、「当初の返却期限が過ぎており〜」と言ってもOK。

✕ ○○をまだいただいておりません。どうなってますか?

○ **○○の件、いまどのあたりでしょうか?**

実例　デザイン案の件、いまどのあたりでしょうか?

POINT　進捗をたずねながら対応を急いでもらう言い方です。「まだいただいておりません」では、それが事実だとしても相手の反感をかいます。

納期を早めてもらうように頼む

✕ 納期を早めてもらえますか?

○ **恐縮ですが、
早めにいただくことは可能でしょうか?**

実例　プレゼンの資料を作成していただく件、予定が急に変更になりました。恐縮ですが、早めにいただくことは可能でしょうか?

POINT　率直に理由を述べて催促する言い回しです。理由を明らかにしたくない場合は「弊社の事情で〜」とにごしてもOKです。

目下の人に仕事を急いでもらう

✕ 急いでやってください。

○ **少し急いでもらえると助かります。**

実例　報告書の件、丁寧に取り組んでくれてありがとう。ただ、少し急いでもらえると助かります。

POINT　最初に仕事の態度を認める言葉をかけます。そのあと「少し急いでもらえると助かります」とやわらかく催促します。

SNSマナー

SNSを楽しむための
ルールとマナー

SNS（ソーシャル・ネットワーキング・サービス）においても、
言葉の使い方で相手によい印象を与えたり、逆に不快感を与えたりします。
ここではSNSのコミュニケーションのルールとマナーを紹介します。

基本ルール 1　公の場であることを意識する

特定の人とやりとりをしているつもりでも、不特定多数の人がやりとりを見ています。公の場であるという意識をつねに持ち、丁寧な言い回しを心がけます。とくに個人情報を公開したり、著作権・肖像権を侵害したりしないように注意しましょう。

基本ルール 2　投稿や情報の拡散に気を配る

いったん投稿された発言や情報はどんどん拡散していくことがあります。それを見た人が誤った判断をしたり、不利益をこうむったりする可能性もあります。特定の個人を中傷したり、法律やモラルに反したりしていないか、慎重にチェックしましょう。

基本ルール 3　フェイクニュース・詐欺に注意する

インターネットにはフェイクニュースや詐欺などの悪意を持ったユーザーによる投稿も含まれています。それを鵜呑みにすると、犯罪に巻き込まれたり、損害を被ったりすることもあります。情報の真偽に注意し、トラブルを未然に防ぎましょう。

投稿は「ひとりごと」になりがちなため、
読む人の気持ちに配慮した表現を心がけましょう！

第4章

謝る・断る
ときの言いかえフレーズ

謝る

どれほど仕事に熟練していても、ミスをする可能性はあります。大切なのは、そのあとのフォローのしかたです。ミスに気づいたら、まずは謝罪し、お詫びの気持ちを誠実に伝えましょう。

□ ミスをしたときの誠実な対応とは？

ミスをすれば誰でもあわててしまいますが、まずは冷静にミスの内容を確認しましょう。次に、謝罪の意を言葉や態度で示してから、上司や部署のメンバーなどの関係者に報告します。問題が解決したら、ミスの防止策を考えて実行しましょう。

申し訳ございません

1 ミスの内容、事実を
冷静に確認する

▼

2 迷惑をかけた相手に
真摯な態度で謝罪する

▼

3 関係者に報告し、
対応を相談する

▼

4 ミスの原因を探り、
今後の対策を練る

□ 誠意が伝わる謝罪のしかた

謝罪をする際は、言葉だけではなく態度やしぐさで示すことが重要。言葉だけで謝罪を済ませると、相手の反感をかい、問題がより大きくなる場合があります。

やや前傾に

謝罪するときは、手を体の前でそろえ、やや前傾の姿勢を保ちます。足は広げすぎないよう注意しましょう。

最敬礼

頭を下げるときは、上半身を45度ゆっくり傾けます。早すぎると誠意が伝わりません。

1m

約1メートルあける

相手とは1メートルほど距離を置きます。相手に威圧感を与えないよう斜め前に立つのがベストです。

相手の話を誠意をもって聞く

相手の気持ちをしっかりと受け止め、途中であいづちを打ちながら、「きちんと聞いていること」を示します。

□ リカバリーのしかたで真価が問われる

ミスを犯すことで信頼関係が失われてしまうことがあります。一方で、きちんと謝罪すれば、よりよい信頼関係を築くきっかけになる場合もあります。

早急に謝罪する

ミスがわかったら、すばやく対応するのが原則。時間があくと、丁寧に謝罪をしても誠意が伝わりません。

気持ちを込める

口先だけで謝らないこと。気持ちを込めずに謝罪すると、それが相手に伝わってしまい、逆効果になります。

再発防止に努める

問題が起こった原因を探り、再発を防ぎます。上司や部署のメンバーにアドバイスを求めるのもよい方法です。

✖ 失礼なことを言ってしまい、すみません。

⭕ **心ならずも不用意な発言をいたしました。**

実例 先ほどのミーティングでは、心ならずも不用意な発言をいたしました。おわび申し上げます。

POINT 相手に不快な思いをさせてしまった点を謝罪します。ほかには「考えの足りないことを申しました」などの表現があります。

✖ 私の言いすぎでした。

⭕ **軽はずみな発言をいたしまして〜**

実例 先日のチーム・ミーティングでは、軽はずみな発言をいたしまして、ほんとうに申し訳ございません。

POINT 自分の発言が相手を不快な気分にさせたり、怒らせたりしてしまったときに使うフレーズです。

✖ ちゃんと申し上げましたが、ダメですか?

⭕ **言葉が足りず、申し訳ありません。**

実例 私がきちんと説明していなかったことが原因です。言葉が足りず、申し訳ありません。

POINT 「言葉が足りず〜」と自分の非を認める表現をします。相手にも落ち度があったとしても責め立てるような言い方は避けましょう。

✕ 気づかなくてすみません。

○ 行き届かないところがあり〜

実例 弊社の不手際で発送が遅れてしまいました。このたびは行き届かないところがあり、誠に申し訳ございません。

POINT 「行き届かないところがあり〜」と、あくまでも自分に責任があると認め、率直に謝罪の意思を伝えるフレーズです。

迷惑をかけたことを謝罪する

✕ 私のミスです。すみません。

○ 私の不手際でご迷惑をおかけしました。

実例 関係者へ連絡が行き渡っていなかったようです。私の不手際でご迷惑をおかけしました。申し訳ありません。

POINT 「関係者への配慮に欠け、力不足で申し訳ない」という意思を強調します。自分の非を素直に認める言い回しです。

段取りの悪さを感じさせたことを謝罪する

✕ バタバタしておりまして、ご迷惑をおかけしました。

○ このたびは、お騒がせして、申し訳ありません。

実例 思ったよりも時間がかかりました。このたびは、お騒がせして、申し訳ありません。

POINT 「申し訳ない」という気持ちを表しながら、相手の感情も考慮する言い回しです。「バタバタして〜」では誠意が伝わりません。

✕ 失礼しました。

〇 ご気分を害してしまい〜

実例 私の発言が誤解を招いてしまったようです。ご気分を害してしまい、大変申し訳ありません。

POINT 自分ではなく相手の気持ちに焦点をあてた表現。「先日の打ち合わせでは〜」などと過去の出来事について謝罪するときにも使えます。

相手を怒らせたときの謝罪

ミスを指摘されたときの返し方

✕ 私の間違いでしたね。すみませんでした。

〇 ご指摘くださいまして、
ありがとうございます。

実例 たしかに見積書の数字に間違いがありました。ご指摘くださいまして、ありがとうございます。

POINT 「すみませんでした」とただ謝るのではなく、相手の行動に感謝の意を表しつつ謝罪の気持ちを伝える、という言い回しです。

反省の意を強調する

✕ すみません。反省してます。

〇 慚愧に堪えません。

実例 余計なお手間をとらせてしまったこと、慚愧に堪えません。

POINT 「慚愧」は「自分のあやまちを反省し、深く恥じている」という気持ちを表す言葉。反省の気持ちをより率直に伝えられます。

自分の非を全面的に認めて謝罪する

✕ 私の落ち度です。すみませんでした。

◯ ## 肝に銘じます。

実例 今後、二度とこのような間違いを犯さぬよう、肝に銘じます。

POINT 「肝に銘じる」は「心に深く刻みつけ忘れない」という気持ちを表す言葉。結果的に深く反省している気持ちを示せます。

自分のミスで迷惑をかけたことを謝罪する

✕ 自分のせいで、すみません。

◯ ## 私の不徳のいたすところです。

実例 御社に損害を与えてしまったのは、私の不徳のいたすところです。申し訳ございません。

POINT 「私の不徳の〜」は、自分の不手際・力不足を素直に認める表現。そのあとに謝罪の言葉をそえれば、気持ちが伝わります。

目標が達成できなかったことを謝罪する

✕ 失敗して、ごめんなさい。

◯ ## 十分に意を尽くせず、
不本意な結果となりました。

実例 十分に意を尽くせず、不本意な結果となりました。心よりおわび申し上げます。

POINT 「努力したが、力がおよばなかった」ことを示しつつ、申し訳ない気持ちを伝えます。当初の目標を達成できなかったときに使います。

✕ ○○してしまい申し訳ありません。

⭕ 深く陳謝_{ちんしゃ}いたします。

実例 このたびの不祥事につきまして、深く陳謝いたします。

POINT 「陳謝」だけでも謝罪の気持ちを表しますが、「深く」をつけて謝罪の意思をより強調します。

謝罪しつつ許しをこう

✕ ほんとうに申し訳ありません。

⭕ 平にご容赦願います。

実例 先日のイベント会場での不手際、平にご容赦願います。

POINT 「平に」という言葉が頭を下げているイメージと結びつくため、より深い謝罪の意思を表すことができます。

誤解したことを謝罪する

✕ 誤解していました。

⭕ 心得違いがあり〜

実例 私どもに心得違いがあり、お手間をとらせてしまいました。大変申し訳ありません。

POINT 「自分の解釈が間違っていたこと」を素直に認める表現です。このあと謝罪のフレーズをつけ加えて誠意を示します。

頼まれていたことを忘れたときの謝罪

✘ うっかり忘れていました。

⭕ **失念してしまい～**

実例 先方にご連絡する件、つい失念してしまい申し訳ございません。

POINT 謝罪の言葉にそえることで、相手に事情をくんでもらう役割を果たします。「すぐに対処いたします」といったフォローも必要。

都合がつかないときの謝罪

✘ またいい話があったら、声をかけてください。

⭕ **お役に立てず申し訳ありません。**

11
謝る

実例 スケジュールの都合がつかず、今回はお断りさせてください。お役に立てず申し訳ありません。

POINT 「お役に立てず～」と残念な気持ちを強調します。「またいい話があったら～」は相手の気分を害する言い回しなのでNG。

チームのミスを叱責されたときに謝罪する

✘ 私ひとりのミスではありませんが～

⭕ **申し訳ありません。社内で早急に対処いたします。**

実例 ご指摘のとおり、私どもに不手際がございました。申し訳ありません。社内で早急に対処いたします。

POINT 「同じ会社の人のミスは自分のミス」と考えるべきです。言い訳をせず、問題解決に努めていることをアピールして挽回をめざします。

断る

お願いを断ると信頼関係が損なわれるのではない
かと心配しがちですが、実際は断り方に問題があ
ることが多いようです。相手の気持ちに配慮しな
がら、丁重に断るコツをつかみましょう。

□ 信頼関係を保つ断り方の手順

断り方には3つのパターンがあります。状況に合わせて適切なフレーズを選び、相
手との良好な関係を保つようにしましょう。

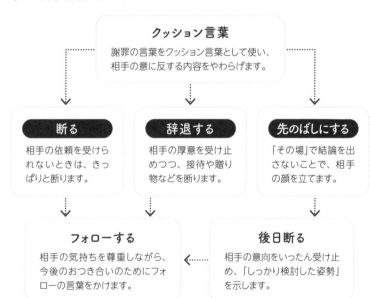

クッション言葉
謝罪の言葉をクッション言葉として使い、
相手の意に反する内容をやわらげます。

断る
相手の依頼を受けら
れないときは、きっ
ぱりと断ります。

辞退する
相手の厚意を受け止
めつつ、接待や贈り
物などを断ります。

先のばしにする
「その場」で結論を出
さないことで、相手
の顔を立てます。

フォローする
相手の気持ちを尊重しながら、
今後のおつき合いのためにフォロー
の言葉をかけます。

後日断る
相手の意向をいったん受け止
め、「しっかり検討した姿勢」
を示します。

□ パターン別の典型的な断り方

先述のとおり、断り方は3つのパターンに分類できます。依頼の内容やその場の状況、相手との関係性を見極めながら、適切なフレーズを選択しましょう。

断る

依頼されたことへの嬉しさを表現し、良好な関係を今後もつづけたい意向を伝えて、相手を傷つけずにスムーズに断ります。

例 これに懲りず、またお声をかけていただければ幸いです。

辞退する

接待や贈答品を断る場合は、謙虚さをアピールしつつ相手の気持ちを尊重します。一方で、きっぱりと断りの意思を伝えることも重要です。

例 身に余るお話ですが、今回は辞退させていただきます。

先のばしにする

相手の意向をいったん受け止めたことになるので、角が立ちません。答えを出す時期を具体的に伝えると、より誠実な印象に。

例 3日後に正式なお返事をさせていただきます。

□ 相手に断られたときの上手な返し方

信頼関係を保つために、断られたほうも、相手を気づかうフォローの言葉をそえましょう。「断らせてしまって申し訳ない」というニュアンスを込めるのがポイント。あくまでも断られたのは今回かぎりのことと考え、次につなげる言葉も忘れずに伝えておきましょう。

相手を気づかう

「お願いの内容に無理があった」というニュアンスを込めます。

例 無理を承知でお願いしたことですから、どうか気になさらないでください。

次回に期待する

「今後もおつき合いをつづけたい」という意思を伝えます。

例 また機会がございましたら、よろしくお願いいたします。

✕ いまはちょっと無理ですね。

◯ 心苦しいのですが〜

実例 私どもも心苦しいのですが、今回の件はお断りさせていただけますでしょうか？

POINT 「断ることが心苦しい」と表現することで誠実さが伝わると同時に、次への期待を抱かせる表現になります。

相手の依頼に感謝しながら断る

✕ また今度お願いします。

◯ ありがたいお話でございますが〜

実例 ありがたいお話でございますが、今回はご遠慮させていただきます。申し訳ありません。

POINT 「ありがたい申し出であること」を示しながら断るときのフレーズ。おわびの言葉をつけ加えるとなお丁寧です。

断る理由を述べる

✕ ◯◯なのでしかたないのです。

◯ 何分にも
◯◯が△△なもので〜

実例 何分にも今週はスケジュールがあいていないもので、申し訳ありませんが、お断りさせていただけませんか？

POINT 「何分にも〜」は理由を述べながら断る際の定番の言い回し。「私も悔しいのですが〜」という表現もあります。

検討したうえで断る

✕ いろいろ考えましたが～

⭕ ## 検討に検討を重ねたのですが～

実例 検討に検討を重ねたのですが、今回は見送らせていただくことになりました。

POINT 「検討に検討を～」と事情を素直に述べれば、無下に断っているわけではないので、相手の気分を害することもありません。

決まりにしたがって断るときの前置き

✕ すみません、規則なんです。

⭕ ## 事務的な言い方で大変恐縮ですが～

実例 事務的な言い方で大変恐縮ですが、ご質問にはお答えできません。

POINT 「事務的な言い方で～」と前置きをしておくことで、そのあとに断りの言葉を述べても角が立ちません。

スケジュールが合わないときに断る

✕ 時間が合いませんので～

⭕ ## あいにく先約がございまして～

実例 あいにく先約がございまして、その日はどうしても都合をつけることができません。

POINT 「先約が～」などと、タイミングの悪さを理由としてあげることで、表現がやわらぎます。

✕ ほんとうは受けたいんですが〜

○ のちのちご迷惑をおかけすると
申し訳ありませんので〜

実例 のちのちご迷惑をおかけすると申し訳ありませんので、今回は見送らせていただければと思います。

POINT 最初にお礼を述べてから、「のちのちご迷惑を〜」と、事情があって受けられないというニュアンスを伝えます。

条件のよい仕事を断る

✕ いいお仕事なんですが〜

○ お受けしたいのはやまやまですが〜

実例 お受けしたいのはやまやまですが、あいにくその時期は人手が足りず、お受けできない状況です。

POINT 「今回はたまたま受けられないこと」を伝え、依頼の内容についてはふれずに、次回の依頼へとつなげます。

謙遜の意を込めて断る

✕ 私じゃ無理ですよ。

○ 若輩者の私には荷が重いので〜

実例 若輩者の私には荷が重いので、辞退させてください。

POINT 「自分が受けると、かえって相手に迷惑をかけてしまう」というニュアンスを伝えます。「未熟者の私には〜」と言ってもOK。

できそうにない依頼を受けたときに断る

✕ 私ではできません。

◯ # 身に余る光栄ですが〜

実例 身に余る光栄ですが、かえってご迷惑になるといけませんので、今回は辞退させてください。

POINT 依頼してくれたことに感謝の気持ちを表しながら、丁重にお断りすることで、相手も不快になりません。

提案された日程とは別の日を提案する

✕ 予定を変更してほしいのですが〜

◯ # どうしてもはずせない急用が入ってしまいました。

実例 どうしてもはずせない急用が入ってしまいました。申し訳ございません。大変恐縮ですが、予定の変更をお願いできませんでしょうか?

POINT いたずらに言い訳せず、理由を素直に伝えるほうが相手も受け入れやすくなります。謝罪の言葉を忘れずにつけ加えましょう。

贈答品の申し出を断る

✕ 残念ですがお断りします。

◯ # お気持ちだけありがたく頂戴します。

実例 せっかくのお申し出ではございますが、お気持ちだけありがたく頂戴します。

POINT 「相手の気持ちを受け取っていること」を示しながらも、断りの意思をはっきりと伝えるフレーズです。

ポジティブワード

ポジティブに変換！
"口下手"をどう言いかえる？

同じ内容を表す言葉も、表現を変えると相手に与える印象が変わります。
とくにビジネスの現場ではネガティブな表現を避け、
積極的にポジティブな言い回しにかえて使いましょう。

気になる性格・態度を言いかえる

暗い人	落ち着いた雰囲気をお持ちの方ですね。
自己主張が強い人	ご自分の意見がある人は、すばらしいと思います。
わがままな人	自由な雰囲気がとてもすてきな方です。
おしゃべりな人	話題がとても豊富な方ですよね。
落ち着きがない人	とてもアクティブな方ですね。
いいかげんな人	いつも鷹揚（おうよう）に構えていらっしゃいますよね。
態度が横柄な人	貫禄がある方ですよね。

デリケートな事実にふれる

ミスをくり返す新人	まだトライ＆エラーが大切な時期ですよね。
勉強不足な人	まだまだ伸びしろがありそうですよね。
口下手な人	お話をじっくり聞いてくださいますね。
字がきたない人	とても味のある字ですよね。
転職が多い人	ぴったりの環境を探していたんですね。

第**5**章

気持ちを
伝える
ときの言いかえフレーズ

感謝する

ビジネスでは感謝の気持を伝えたい場面がたくさんあります。仕事をがんばった部下へのねぎらいの気持ち、目上の人をいたわる気持ちなど、状況に応じた言い回しを覚えましょう。

☐ 気持ちが伝わる感謝の基本フレーズ

感謝の意を示す際は、右の「基本フレーズ」がよく使われます。また、「基本フレーズ」の前に「強調フレーズ」をつけ加えれば、より強い気持ちが伝わり、よい印象を与えられます。

カジュアル ↕ フォーマル

強調フレーズ
ほんとうに
いつも
誠に
心から

＋

基本フレーズ
ありがとうございます
感謝しております

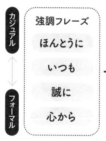

感謝しております

心から

いつも
ありがとう
ございます

ありがとう
ございます

☐ 感謝とともに気持ちを伝えるコツ

「お礼の言葉」を述べる前に、「状況説明」や「自分の気持ち」をプラスすると、自分の素直な感情を相手に伝えられます。ここでは、「ねぎらい」「喜び」「いたわり」のキーワードを設定し、感謝とともに気持ちを伝えるコツを紹介します。

状況説明	アドバイスをいただいたおかげで、資格試験に合格できました。

▼

自分の気持ち	ほんとうに嬉しいです。

▼

お礼の言葉	ありがとうございました。

＋ ねぎらい（自分　対等な人、目下の人）

「ねぎらい」のフレーズは意外にむずかしいもの。相手のがんばりに対して素直に称賛の意を伝えましょう。一般的には目上の人から目下の人への表現として使用します。

例 期待以上の成果です。
お疲れ様でした。

例 大変だったね。
ご苦労様でした。

＋ 喜び（自分　上司・先輩、目上の人）

「自分がとても喜んでいる」ことを伝えながら感謝の気持ちを伝えましょう。ただし、過剰に表現すると嘘っぽくなってしまい逆効果。謙虚な気持ちで、にこやかな笑顔とともに述べることで、相手に誠意が伝わります。

例 恐縮です。
身に余る光栄です。

例 お気持ちだけでも、
大変ありがたく存じます。

＋ いたわり（自分　上司・先輩、目上の人）

苦労を背負い込んだ目上の人に、慰労の意を込めて表現をプラスします。「いたわり」の度合いが過ぎて失礼にならないように注意しましょう。

例 お疲れになられたのではありませんか。
くれぐれもご自愛ください。

✕ 本日はどうも、わざわざすみません。

⭕ お忙しいところ貴重なお時間をいただき、ありがとうございます。

実例 本日は、お忙しいところ貴重なお時間をいただき、ありがとうございます。

POINT 一般的にアポイントをとった側が受けた側に対して述べます。「本日はどうも〜」は上から目線の言い回しに聞こえるのでNG。

助けてもらった人に感謝する

✕ 助けていただきありがとうございます。

⭕ ご助力（じょりょく）いただき、御礼申し上げます。

実例 ○○社の社長にお話を通していただく件、ご助力いただき、御礼申し上げます。

POINT 強く感謝の意を表すときや、あらたまった場では、上のように「ご助力いただき〜」という表現を使います。

苦労をかけた人に感謝する

✕ お世話になりました。

⭕ お骨折り賜（たまわ）りまして、ありがとうございました。

実例 今回の発表会を催すにあたり、お骨折り賜りまして、ありがとうございました。

POINT 「お骨折り〜」は「苦労をかけたこと」を察して感謝する表現。あらたまった場で使います。

✕ 助けてくれてありがとうございます。

○ ご尽力（じんりょく）いただき、
ありがとうございました。

実例 ▶ 今回の交渉では、ご尽力いただき、ありがとうございました。

POINT はからい、配慮、手助けに感謝の気持ちを示すフレーズです。「お力添えいただき〜」と言ってもOK。どちらも目上の人に使います。

仕事を手伝ってもらったときのお礼

✕ 手伝いをしていただきまして〜

○ 私どもの手に余る○○なので、
助かりました。

実例 ▶ 私どもの手に余るむずかしい仕事なので、助かりました。さすが○○さんですね。おかげさまで無事に完了しました。

POINT 「自分たちだけではとうていできなかった」と相手を立てながら、感謝の気持ちを伝える表現です。

13
感謝する

目上の人に指導してもらったときのお礼

✕ とてもためになりました。

○ 勉強させていただきました。

実例 ▶ リーダーシップについて勉強させていただきました。ありがとうございます。

POINT 指導してもらったときは「勉強させて〜」と謙虚に感謝します。「ためになる」は目下の人に使う言葉なので、目上の人にはNG。

✕ いろいろありがとうございます。

◯ 格別のおはからいをいただきまして、御礼申し上げます。

実例 今回の交渉においては、格別のおはからいをいただきまして、御礼申し上げます。

POINT 「通常は認めてもらえないことを特別に認めてもらったこと」に感謝するフレーズ。特別ではないときに社交辞令として使う場合も。

相手の心づかいに感謝する

✕ ご配慮、ありがとうございます。

◯ ご高配をいただき、感謝いたします。

実例 平素より格別のご高配をいただき、感謝いたします。

POINT 「ご高配」は相手の配慮を丁寧に表した言葉。目上の人から、特別なはからいを受けたときに使うフレーズです。

便宜をはかってもらったことに感謝する

✕ ありがたく存じます。

◯ 恐悦至極に存じます。

実例 こちらの都合に合わせていただき、恐悦至極に存じます。

POINT 相手の厚意に対して「このうえなくもったいないと感じる」という気持ちを伝えるフレーズです。あらたまった場で使います。

✗ わかってくれて、ありがとうございます。

◯ ご勘案いただき、ありがとうございます。

実例 予算について、ご勘案いただき、ありがとうございます。

POINT 「勘案」は「あれこれ考える」という意味。こちらの事情に配慮してもらったことを感謝するフレーズです。

お祝いの品、お土産をもらったときのお礼

✗ 贈り物、ありがとうございます。

◯ 過分なご配慮をいただき、大変恐縮です。

実例 このたびは、けっこうなお土産をいただき、ありがとうございました。過分なご配慮をいただき、大変恐縮です。

POINT 目上の人から品物をいただいたとき「ありがとうございました」では足りないと感じたら、この言い回しを使って感謝します。

13
感謝する

長期の仕事が一段落した取引先の人に対して

✗ 長い間ご苦労様でした。

◯ ご厚志いただき、ありがとうございました。

実例 長期にわたるプロジェクトとなりましたが、成功のためにご厚志いただき、ありがとうございました。

POINT 「厚志」は、「深い思いやり」という意味。大きな仕事が一段落したときなど、ここぞという場面で使うと、強い感謝の気持ちを表せます。

✕ とても感謝しています。

○ 並々ならぬご配慮をいただき、
誠にありがとうございます。

実例 このたびは並々ならぬご配慮をいただき、誠にありがとうございます。おかげで商談がまとまりました。

POINT あらたまった場でこの言い回しを使えば、いち目置かれます。深い感謝の意を伝えたいときに使うフレーズです。

製品を選んでもらったときのお礼

✕ 毎度ありがとうございます。

○ お眼鏡にかない、何よりです。

実例 弊社の商品がお眼鏡にかない、何よりです。

POINT 「お眼鏡にかなう」は相手に敬意を表す言葉です。あまりオーバーな口調で表現すると嫌みになるので注意しましょう。

変わらないつき合いに感謝する

✕ いつもありがとうございます。

○ ご厚誼(こうぎ)に感謝いたします。

実例 変わらぬご厚誼に感謝いたします。

POINT いままでの協力に感謝しつつ、「今後もよろしくお願いします」という気持ちを込めたフレーズです。

✕ 長らくお世話になりました。

◯ **長い間ご愛顧（あいこ）いただき、 ありがとうございました。**

実例 一身上の都合により、この〇月に退社することになりました。長い間ご愛顧いただき、ありがとうございました。

POINT いつもお世話になっている人、ひいきにしてもらっている人に感謝の気持ちを伝える表現です。

昇格した際に上司にお礼を述べる

✕ 評価していただきありがとうございます。

◯ **ほんとうに深謝（しんしゃ）いたします。**

実例 これほどまでの評価をいただき、ほんとうに深謝いたします。

POINT 「深謝」は、「心より深く感謝する」という意味を持つ言葉。あらたまった場面では、誠実さが伝わり、スマートです。

13
感謝する

失敗をフォローしてもらったときの返し方

✕ 失礼しました。

◯ **頭が下がる思いです。**

実例 ご対応いただき、ありがとうございました。頭が下がる思いです。

POINT 失敗に対するおわびと相手の対応に対する感謝の意を伝えるフレーズです。あらたまった場では「誠に頭が〜」と言ってもOK。

ほめる

人と人との信頼関係を築くためにも、「ほめる」ことはとても重要です。お世辞や皮肉と思われないために、タイミングを見極め、その場にふさわしいフレーズを選びましょう。

☐ 相手の誤解を招かない！ ほめるときの4原則

ほめ方によっては相手の感情を逆なでしてしまう場合があります。自分の誠意をきちんと伝えるために、次のようなポイントに注意しましょう。

具体的にほめる

漠然としたモノの言い方では相手に伝わりません。ほめるときは事実や理由をそえて、相手がわかるような表現で端的に伝えましょう。

回数を守る

ほめられると嬉しいのは事実ですが、会うたびにほめるのは考えもの。「何かほかに目的があるのでは」と疑われてしまいます。

謙虚な気持ちで

「ほめてあげている」という気持ちは態度に表れます。目下の人に対しても、謙虚な態度でのぞみましょう。

その場でほめる

「あのときは〇〇だったね」とあとでほめても、気持ちは伝わりません。できるだけその場でほめるように努力しましょう。

その場	具体的	回数	謙虚さ
10	10	10	10

□ 相手に喜ばれるほめ方のポイント3

目上の人にも目下の人にも使える、定番のほめフレーズを紹介します。雑談の途中で、ふと気づいたようにほめると実感がこもり、効果的です。

ひと言でほめる

話を聞きながら、あいづちを交えて、ちょっとしたほめ言葉をつけ加えると効果的です。

例
- お考えが深いですね。
- 驚きました。
- 機転がききますね。

センスをほめる

相手の持ち物や洋服ではなく、それを選んだ「センス」をほめるのがポイントです。

例
- 品がありますね。
- よくお似合いですね。
- おしゃれですよね。

表情・声をほめる

表情や声にはその人の個性が表れます。笑顔や雰囲気、声質に着目して、相手の魅力を探してみましょう。

例
- 笑顔がすてきですね。
- いつもにこやかですね。
- よく通るいい声ですね。

Check!

本人がいないときにほめる

本人がその場にいないときにほめたほうが効果的な場合があります。伝聞のカタチで相手の耳に入ったほうが、かえって真実味が増すからです。

例
ほんとうによくできた人です。
器が大きい人ですよね。
謙虚な方ですよね。

□ ほめられたときのスマートな返し方

自分がほめられると、嬉しさ半分、面はゆさ半分で、とっさに言葉は出てこないもの。しかし、たじろいだままではビジネスパーソンのふるまいとしてよくありません。ほめ言葉を受け止めつつ、謙遜の言葉をスマートに返します。

例
- もったいないお言葉です。
- もう勘弁してください。
- 面はゆい気持ちです。

- この嬉しさを励みに、がんばります。
- まだまだ未熟者です。
  勉強させてください。

✕ よい仕事をしますね。

⭕ 次回も○○さんに
お願いさせてください。

実例 ▶ 今回の企画書、クライアントにも高く評価されました。次回も
○○さんにお願いさせてください。

POINT ▶ 同格・目下の人には「次回もお願いさせてください」を、目上の人に
は「次回もご一緒させてください」を使います。

細かい配慮をほめる

✕ 細かいところに気づきますね。

⭕ ふつうはあそこまで気が回らない
ものですよね。

実例 ▶ 会議での受け答え、とてもよかったです。ふつうはあそこまで
気が回らないものですよね。

POINT ▶ 配慮のきめ細かさには「ふつうは〜」を、不測の事態を含めた手際の
よさには「対応力がすばらしいですよね」などを使います。

手際のよさをほめる

✕ 運も実力のうちと言いますからね。

⭕ ふだんの行いがよいからですね。

実例 ▶ まさか、間に合うとは思いませんでした。○○さんのふだんの
行いがよいからですね。

POINT ▶ 「行いがよい→実力がある」と関連づけて相手の手際のよさをほめま
す。一方「運も実力のうち」は「運がいいだけ」の意味になり失礼です。

✕ さすがです。やっぱりスゴイですね。

⭕ **格が違いますね。**

実例 ○○さんの交渉術、すばらしいと思います。格が違いますね。

POINT 「格が違う」はレベルの差を指摘するほめ言葉。同格や目下の人には「段違いの力量ですね」でもOKです。

着眼点のするどい人をほめる

✕ さすが、するどいですね。

⭕ **目のつけどころが違いますね。**

実例 目のつけどころが違いますね。私は気づきませんでした。

POINT ほかに「さすがに見ているところが違いますね」という言い方も。どちらも相手の持つ豊かな経験を賞賛する言い回しです。

地道な努力を重ねている人をほめる

✕ 努力は大切ですね。

⭕ **○○さんは、なくてはならない存在ですね。**

実例 地道な作業のおかげで今回のプロジェクトは完了しました。○○さんは、なくてはならない存在ですね。

POINT 目立たない存在ながら着実に仕事をこなす人にかける ほめ言葉。「見ている人は見ている」ことを伝えます。

✕ 要領がいいですね。

◯ 段取り上手ですよね。

実例 今回もスムーズに会議が進行しました。◯◯さんは段取り上手ですね。次回もお願いします。

POINT 「段取り上手」と事実を指摘するだけでなく、「次回も〜」などと未来への期待をそえるとなお丁寧です。

対応力の高さをほめる

✕ どっしり構えてますね。

◯ 柔軟性がうらやましいですね。

実例 急な変更でみんなが悲鳴を上げていました。◯◯さんの柔軟性がうらやましいですね。

POINT 非常事態に冷静に対処した行動を「柔軟性」という言葉で評価しているのがポイントです。

趣味の腕前をほめる

✕ お上手ですね!

◯ 玄人（くろうと）顔負けの腕前ですね。

実例 ◯◯さんのゴルフは、玄人顔負けの腕前ですね。

POINT 「プロもかなわないほどの腕前」と称賛するフレーズ。それなりの実力の持ち主がこう言えば、説得力があります。

深い知識を持つ人をほめる

✕ そんなことも知っているんですか！

○ 造詣が深いですね。

実例 驚きました。○○さんは、ヨーロッパの歴史にも造詣が深いですね。

POINT 「造詣が深い」は「特定の分野に対して、深い知識や技術を持っている」という意味。相手の知識に敬意を表してこういいます。

豊富な知識を持つ人をほめる

✕ そうなんだ。へぇー。

○ なんでもご存じですね。

実例 それははじめて聞きました。なんでもご存じですね。

POINT 「よくご存じですね」でもOK。どちらもゆっくりと感嘆の気持ちを込めて言うこと。早口で言うと失礼なニュアンスになります。

相手の実力を認めてほめる

✕ びっくりさせられました。

○ 感服しました。

実例 ○○さんの交渉力には感服しました。

POINT 「感服」は、「相手の力量に感心し、敬意を払うこと」を表す言葉です。一般的には目上の人から目下の人への表現として使用します。

言いかえ表現

きちんとした印象を与える ビジネス言葉

ビジネスの現場で、日常で使っている表現をそのまま口にすると、
稚拙に聞こえてしまうことがあります。
ビジネスパーソンならではの言葉を身につけておきましょう。

年・日にちを表現する

今年から担当になりました〜 ▶ 本年より担当になりました〜

去年はお世話になりました。 ▶ 昨年はお世話になりました。

今日、御社にうかがいます。 ▶ 本日、御社にうかがいます。

明日（あした）の件ですが〜 ▶ 明日（みょうにち）の件ですが〜

昨日（きのう）はごちそうさまでした。 ▶ 昨日（さくじつ）はごちそうさまでした。

その日は私がうかがいます。 ▶ 当日は私がうかがいます。

方向・量を言いかえる

どっちが正しいのですか？ ▶ どちらが正しいのですか？

会議室はこっちです。 ▶ 会議室はこちらです。

大きな効果がありました。 ▶ 多大な効果がありました。

ちょっとお待ちください。 ▶ 少々お待ちください。

タイミングを伝える

Good!

すぐにお持ちします。 ▶ さっそくお持ちします。

もうすぐいらっしゃいます。 ▶ まもなくいらっしゃいます。

さっきお見せしたとおりです。 ▶ 先ほどお見せしたとおりです。

第**6**章

電話・会議
で使える言いかえフレーズ

電話の応対

日々のビジネスシーンに電話は欠かせません。その応対のしかたで、その人のビジネススキルがわかります。迅速かつ丁寧なやりとりができると、会社の好印象にもつながります。

□ スマートな電話応対のポイント

電話の相手に自分の姿は見えなくても、態度や表情は確実に伝わります。電話に応対するときは下のようなスタイルを身につけましょう。

POINT
背筋を伸ばす
背筋を丸めていると、声がこもってしまい、正確に伝えられなくなります。

POINT
笑顔で応対
笑顔で話せば、声にも明るさが表れ、快活で丁寧な印象を与えます。

POINT
メモをとる
聞きもらしを防ぐため、電話中は、つねにメモをとる習慣をつけましょう。

POINT
資料をそろえる
何度も保留ボタンを押すのは失礼です。資料は事前に準備しましょう。

☐ 相手の話は「アクティブ・リスニング」で聞く

話の聞き方には下の3つのパターンがあります。「アクティブ・リスニング」で相手の話を傾聴している姿勢を示すと、相手も話しやすくなります。

ネガティブ・リスニング

相手の発言に、あいづちを打たない反応のしかた。電話の場合は、態度や表情などで示せないので、相手に不安や不快感を与えてしまいます。

……

ポジティブ・リスニング

話の途中で「はい」「ええ」などのあいづちをはさむ方法。悪い聞き方ではありませんが、タイミングによっては相手の話をさえぎってしまうことがあります。

はい、
わかりました。

アクティブ・リスニング

GOOD!

相手の言葉を復唱する聞き方。くり返すことで聞き間違いを防ぎ、相手に「話をしっかりと聞いている」という印象を与えられます。

〇〇ですね、
わかりました。

☐ 聞き間違いを防ぐ3つのテクニック

日にちやアルファベット、漢字の書き方など、聞くだけでは間違いが起こりやすい言葉があります。正確に聞き取るためのテクニックを学びましょう。

1	**2**	**3**
日にち	**アルファベット**	**漢字**
「〇月×日」だけでも十分ですが、曜日も伝えるとより正確です。カレンダーを手元に置いておくと便利。	メールアドレスなどは、「V」と聞こえたら「ビクトリー」、「B」は「ブック」など、単語を引き合いに出して確認します。	「小川」「緒川」「尾河」のどれなのか、漢字の書き方を聞いておけば、あとでメールを送るときなどにも困りません。
例 〇月×日の △曜日で よろしいですね?	例 最初のBは ブックのBで よろしいでしょうか。	例 小川様は 「小さい三本川」と お書きすれば よろしいでしょうか。

✗ どうも○○です。○○の件ですが〜

◯ いまお時間よろしいでしょうか?

実例 ○○社の△△です。いまお時間よろしいでしょうか?

POINT 電話に出てもらえたからといって、いきなり本題に入るのではなく、相手の都合を確認する気づかいを見せます。

担当者がわからないときの声がけ

✗ ○○についてわかる人に代わってもらえますか?

◯ お答えいただける方に
代わっていただけないでしょうか?

実例 夏のキャンペーンの件で質問があります。お答えいただける方に代わっていただけないでしょうか?

POINT 案件は決まっているが担当者がわからないときに使うフレーズ。「お答えいただける方に〜」と丁寧な表現を心がけます。

とりついでもらいたい相手を伝える

✗ ○○さんはおられますか?

◯ ○○様はいらっしゃいますでしょうか?

実例 いつもお世話になっております。○○社の△△と申します。○○様はいらっしゃいますでしょうか?

POINT 「おられますか?」の「おられる」は、「いる」の謙譲語「おる」が変化したもの。目上の相手に使うのは不適切です。

相手の電話が終わるまで待つことを伝える

✕ それでは、待たせていただきます。

〇 <u>待たせていただいても</u>
<u>よろしいでしょうか?</u>

実例 もしよろしければ、待たせていただいてもよろしいでしょうか?

POINT 相手の電話がもうすぐ終わるという状況でも、「待たせていただきます」と一方的に伝えるのは避け、許可をもらうようにします。

夜遅い時間に電話をかける

✕ 夜遅くにすみません。

〇 <u>夜分遅くに申し訳ございません</u>。

実例 夜分遅くに申し訳ございません。〇〇さんをお願いします。

POINT 終業時間のあとに電話をかけるときは、ひと言おわびを。始業前にかける場合は「朝早くから〜」と言います。

電話に出られなかったことを謝る

✕ 電話に出られなくてすみません。

〇 <u>お電話をいただきましたのに、</u>
<u>失礼いたしました。</u>

実例 先ほどはお電話をいただきましたのに、失礼いたしました。打ち合わせで席をはずしておりました。

POINT ほかに「先ほどはお電話に出られず〜」なども使います。折り返しが遅くなった場合は、「ご連絡が遅くなってしまい〜」とおわびを。

✕ 伝言をお願いします。

⭕ <u>お言づけ</u>をお願いできますか？

実例 よろしければ、この件のお言づけをお願いできますか？

POINT 「お言づけ」は、「言づけ」の美化語で「伝言」の意味。「伝言をお願いします」よりも丁寧な印象を与えます。

伝言を頼んだ相手の名前を聞く

✕ 念のため、お名前を教えていただけますか？

⭕ <u>お名前をうかがっても</u>よろしいでしょうか？

実例 恐れ入りますが、お名前をうかがってもよろしいでしょうか？

POINT 「念のため」は相手を信頼していないようにもとれるので失礼。「恐れ入りますが」「失礼ですが」などと前置きすれば謙虚さが伝わります。

至急連絡をとりたい旨を伝える

✕ 至急ご連絡ください。

⭕ 急ぎの用件がございます。ご連絡をいただけるよう〜

実例 急ぎの用件がございます。ご連絡をいただけるよう、お伝え願えますか？

POINT 「至急ご連絡ください」は高圧的な印象を与えます。こちらの都合で早急に対応してもらいたいというニュアンスを謙遜しながら伝えます。

かかってきた電話で自分の用件を話す

✕ ついでで申し訳ありませんが～

◯ **いただいた電話で恐縮ですが～**

実例 いただいた電話で恐縮ですが、報告書の件、その後いかが
でしょうか？

POINT 相手から電話をもらったあと、ついでに自分の用件を伝えるときの
フレーズ。「ついでで～」のようなストレートな表現を避けます。

電話をとるのに時間がかかったときの声がけ

✕ （あわてて）はい、○○社です！

◯ **お待たせいたしました。**

実例 お待たせいたしました。○○社でございます。

POINT 着信音が4コール以上鳴ってしまった場合は、最初に「お待たせしま
した」と言います。あわてた様子を見せないようにしましょう。

自分にとりつがれた電話を受ける

✕ はい、代わりました。

◯ **お電話代わりました。**

実例 お電話代わりました。○○課の△△でございます。

POINT 自分宛の電話に出る際は、まずは受け手が代わったことを正確に伝
えることで印象がよくなります。

✕ 番号が違います。

◯ その件は◯◯課で
おうかがいしております。

実例 その件は広報課でおうかがいしております。おつなぎいたしますので、少々お待ちください。

POINT 「番号が違う」と相手の行動を責めるような表現は避けます。適切な部署を伝え、担当者にスムーズにとりつぎましょう。

自分では判断できない案件に答える

✕ 私ではお答えできないですね。

◯ のちほど担当の者から
ご連絡させていただきます。

実例 私ではわかりかねますので、のちほど担当の者からご連絡させていただきます。

POINT 答えにくい案件は、無理をせず、上司や担当者と相談してから折り返します。「◯分以内に折り返します」と告げると、なお丁寧です。

とりつぐ相手が遅刻をしているときの返事

✕ 電車が遅れたので、今日はまだ来ていません。

◯ 本日、立ち寄りがございまして、
◯時に出社する予定です。

実例 ◯◯は本日、立ち寄りがございまして、◯時に出社する予定です。折り返し電話するように伝えましょうか?

POINT 遅刻の理由を他社の人に説明する必要はありません。出社時間だけを正確に告げ、折り返しの電話を提案しましょう。

担当者の代わりに用件を聞く

✕ どんなご用件でしょうか?

○ 差し支(つか)えなければ
私がご用件をうかがいます。

実例 差し支えなければ私がご用件をうかがいます。よろしいでしょうか?

POINT ほかの人にかかってきた電話を代わりに聞くのは本来失礼なことなので、「差し支えなければ」と前置きして提案する姿勢を示します。

相手が急いでいることをたしかめる

✕ 急いでますか?

○ お急ぎのご用件でしょうか?

実例 お急ぎのご用件でしょうか? ○○の携帯電話に連絡をとり、折り返しお電話を差し上げるようにいたします。

POINT 相手の事情によって、携帯電話で担当者に連絡をとるなどの対応を提案します。許可なく担当者の携帯電話の番号を教えるのはNG。

用件を確認したあとに名前を名乗る

✕ では、私のほうからそう伝えておきます。

○ ○○の件、私(わたくし)△△が承りました。

実例 商品サンプルをお返しする件、私△△が承りました。

POINT 「担当者がもどり次第、そのように申し伝えます」などとつけ加えると、より丁寧な印象を与えます。日時などの情報は復唱を忘れずに。

会議で話す

会議で説明したり、意見を交換したりする際にも、適切な手順と効果的なフレーズがあります。ここでは、上手に説明するためのコツと、指摘や反論をスムーズに行うモノの言い方を紹介します。

□ 相手にわかりやすく説明する3ステップ

会議で説明・報告する際に、3つのステップで行えば、相手が聞きやすくなります。時間配分の割合は大まかに「1:2:1」または「1:3:1」が目安です。

Step **1** 前置き

全体の予告にあたる部分。今回のテーマについて簡単に説明します。「本題」を映画の本編にたとえるなら「前置き」は予告編です。

▶

Step **2** 本題

冒頭でもう一度、今回のテーマを確認してから、内容を説明します。テーマが複数ある場合は1つずつ順番に話していきます。

▶

Step **3** 結論

全体のテーマを構成する小テーマに対して、順に結論を述べていきます。最後にあらためて全体のテーマを伝えて、結びとします。

□ 伝わりやすい説明のテクニック

会議では、ほかの出席者が質問したり意見を述べたりします。そんなとき、次の
テクニックを活用すれば好印象を与えられます。

強調したいことを
くり返す

強調したいことをくり返せば、聞き手の記憶に残ります。ただし、単純に同じ言葉をくり返すのは耳ざわりです。少しずつ表現を変えながらくり返しましょう。

例 弊社は今年、
売上を3割伸ばしました。
年々、順調に
伸ばしてまいりましたが、
わずか半年で
3割増を達成しました。
このような売上アップに
成功したのははじめてです。

項目は3つにしぼる

人が一度に記憶できる項目は3つまでと言われています。説明する項目を整理して3つにしぼりましょう。

アイコンタクトで
確認する

説明中は、聞き手が理解しているかどうかを視線で確認しながら進めましょう。

鋭い質問は
即答を避ける

自分の説明に対して核心を突いた質問や答えにくい意見で返されたときは、できるだけスマートに返します。すぐに答えられない場合は正直に認めてしまいましょう。敬意を表現する言葉を述べ、即答できない旨を伝えます。

例 知識不足で
お恥ずかしいのですが〜

さすがによくご存じですね。

その分野は
不案内でございまして〜

あいまいな情報は
正直に伝える

自分の説明の中で、あいまいな情報や未確認の事柄を伝えなければならない場合もあります。説明の際には、その旨を前置きし、確定情報ではないことを理解してもらいましょう。また、あとで文書などでフォローする方法も有効です。

例 未確認の情報で
大変恐縮ですが〜

のちほどあらためて検証して
ご報告いたしますが〜

✕ （長々と説明をしたあと）結論は○○です。

結論から申し上げます。

実例 ▶ 結論から申し上げます。このプランで3％の売上アップが見込めます。

POINT ▶ 上のような表現を使って結論を先に伝えるとインパクトを与えられます。そのあと、くわしい理由を述べて説得力をもたせます。

はじめにプレゼンの目的を伝える

✕ 今回のプレゼンは〜

なぜ、この話をみなさんに お伝えしたいかと申しますと〜

実例 ▶ なぜ、この話をみなさんにお伝えしたいかと申しますと、このプランを採用すれば、コストが13％カットできるからです。

POINT ▶ テーマや目的、とるべきアクションなどから切り出せば、プレゼン全体の説得力が増します。

あたりまえのことをあらためて述べる

✕ 当然ですが〜

みなさんもご存じかと思いますが〜

実例 ▶ みなさんもご存じかと思いますが、わが国では少子高齢化が大きな問題になっています。

POINT ▶ 「ご存じかと〜」とあらかじめ述べることで、あたりまえのことにも耳を傾けてもらえます。

独自の意見を述べる際の前置き

✖ わかってもらえると思いますが～

◯ 意見が分かれるところかも
しれませんが～

実例 ▶ これについては意見が分かれるところかもしれませんが、色味をおさえたB案のほうが訴求力があると思います。

POINT 「いろいろな意見があることは十分に承知していること」を示しながら、持論を述べるときに効果的なフレーズです。

特別なものを見せるときの前置き

✖ ぜひこれを見てください。

◯ ぜひご覧に入れたい○○がございます。

実例 ▶ ここに、ぜひご覧に入れたい極秘のデータがございます。

POINT 「ご覧に入れる」は「見せる」の謙譲語。相手に敬意を表したうえで、「見てほしい」という気持ちを伝えられます。

主観的な発言をするときの前置き

✖ 私の意見としては～

◯ 私見ですが～

実例 ▶ 私見ですが、比較的かんたんに目標を達成できると考えています。

POINT 自分の意見を述べるときに「客観的なものではない」「間違っているかもしれない」という意味を込めて、上記のように前置きします。

自分の立場を明らかにして意見を述べる

✗ チームリーダーの私は○○だと思います。

⭕ <u>○○の立場から</u>
<u>意見を述べさせていただきますと～</u>

実例 リーダーの立場から意見を述べさせていただきますと、結果的に作業時間が削られてしまうのではないでしょうか?

POINT どの立場で発言しているかを最初に明確にすることで、より説得力が増します。反論するときにも使えるフレーズです。

議論が白熱してきたときに声をかける

✗ みなさん、冷静に。冷静に話しましょう。

⭕ <u>少し意見を整理しておきます。</u>

実例 問題がかなりあるようなので、少し意見を整理しておきます。

POINT 議論が白熱し、方向性が見えなくなってきたら、上のようなフレーズで会議の進行をうながします。

議論の方向性を変えるときの声がけ

✗ 話が脱線していますが～

⭕ <u>そもそも○○のゴールは</u>
<u>△△を決めることではないでしょうか?</u>

実例 そもそもこの会議のゴールは、コスト面をどう解決するかを決めることではないでしょうか?

POINT 議論が錯綜したときは上のように発言して軌道修正します。そのあと「であるならば～」と自分の意見を述べるとスマートです。

✕ いまはわかりません。

◯ **後日お答えします。**

実例 その件については資料を持ち合わせていないので、後日お答えします。

POINT 回答できない質問に無理に答える必要はありませんが、「わかりません」と言うよりも、上のように返したほうが印象がよくなります。

相手に意見を求める問いかけ

✕ どう思いますか?

◯ **忌憚のないご意見をお聞かせください。**

実例 この際ですから、ぜひ忌憚のないご意見をお聞かせください。

POINT 「忌憚」は「遠慮する」という意味。相手に敬意を示しながら率直な意見を求める場合に使う丁寧な言い回しです。

知らないことを質問されたときの返し方

✕ そんなこと聞いていませんでした。

◯ **それは初耳です。**

実例 左様でございましたか。それは初耳です。くわしい話をお聞かせ願えますでしょうか?

POINT 自分が知らないことを相手が質問してきた場合、その事実を確認するために聞き返すフレーズです。

COLUMN

電話の表現

聞き取りにくい「音」を
スマートに確認するコツ

電話中の会話では、聞き間違いをなくすために、
相手の言葉を慎重に確認する必要があります。
ここでは、スマートに言葉を確認できる「通話表」を紹介します。

「通話表」で50音を確認

あ	朝日のア	た	たまごのタ	ま	マッチのマ	ら	ラジオのラ
い	いろはのイ	ち	ちどりのチ	み	三笠のミ	り	りんごのリ
う	上野のウ	つ	つるかめのツ	む	無線のム	る	ルビーのル
え	英語のエ	て	手紙のテ	め	明治のメ	れ	れんげのレ
お	大阪のオ	と	東京のト	も	もみじのモ	ろ	ローマのロ
か	為替のカ	な	名古屋のナ	や	大和(やまと)のヤ	わ	わらびのワ
き	切手のキ	に	日本のニ	ゆ	弓矢のユ	を	これをのヲ
く	クラブのク	ぬ	沼津のヌ	よ	吉野のヨ	ん	おしまいのン
け	景色のケ	ね	ねずみのネ				
こ	子どものコ	の	野原のノ				
さ	桜のサ	は	はがきのハ	濁点	為替のカに濁点		
し	新聞のシ	ひ	飛行機のヒ	半濁点	はがきのハに半濁点		
す	すずめのス	ふ	富士山のフ				
せ	世界のセ	へ	平和のへ				
そ	そろばんのソ	ほ	保険のホ				

誰でも知っている
単語を選ぼう！

💬 電話で、名前の漢字をわかりやすく伝える

安倍 ▶ 安全の安に、にんべんの倍
菊池 ▶ 植物の菊に、さんずいの池
渡辺 ▶ 道を渡るの渡に、しんにょうの辺
武田 ▶ 武士の武に、田んぼの田

成澤 ▶ 成人の成に、
むずかしいほうのさんずいの澤
川村 ▶ 三本川の川に、市町村の村
石川 ▶ 石川県の石川

第 **7** 章

プライベートで
伝える

ときの言いかえフレーズ

知人に自宅に招かれたときに使うフレーズ

知人の家を訪れる

気心の知れた友人でないかぎり、
訪問時のあいさつ、食事の誘いの受け方など、
つねに礼儀正しいふるまいを心がけましょう。

お招きいただきありがとうございます

玄関先であいさつする

本日は
お招きいただき、
ありがとうございます。

このフレーズを告げてから、姿勢を正して軽く会釈します。「今日はどうも〜」など、語尾をあいまいにするのはNG。

手土産を渡す

心ばかりの品を
お持ちしました。
お気に召していただけると
嬉しいです。

「心ばかりの品を〜」は気持ちの一部にすぎないことを伝える言い回し。「お気に召して〜」とともに謙虚さを示します。

夕食に誘われた（誘いを受ける）

よろしいでしょうか？
それではありがたく
ごちそうになります。

あらかじめ会食するとわかっている場合でも、いったんおうかがいを立ててから申し出を受けるようにします。

夕食に誘われた（誘いを断る）

ごめんなさい。
残念ですがこのあと、
はずせない用事が
ございまして……。

仕事の都合でないかぎり、用事の内容は具体的に告げなくてOK。なお、プライベートな用件を理由に断るのは失礼です。

酒を勧められた（誘いを受ける）

ありがとうございます。
それでは遠慮なく
いただきます。

「ビールと日本酒、どちらにしますか？」
と聞かれたら、「よろしければビール（ま
たは日本酒）を」とお願いします。

酒を勧められた（誘いを断る）

申し訳ありません。
今日は、遠慮させて
いただきます。

お酒を断るのは失礼ではありません。ま
た、車で訪問した場合は「今日は車です
ので〜」とはっきり断ります。

帰るタイミングを切り出す

遅くまで
失礼いたしました。
そろそろ
おいとまいたします。

時計を見ながら「もうこんな時間ですか」
と前置きしてから言うと自然な表現にな
ります。

玄関先で礼を言う

本日はおもてなしに
あずかりまして、
ありがとうございました。

お茶のほかにお菓子や食事をいただいた
ときは、この言い回しで感謝の気持ちを
伝えます。

「つまらないものですが」は
相手によって使い分ける

手土産を渡す際に「つまらないものですが」
と言うことがありますが、最近では「つま
らないものを渡すのは失礼」と考える人も
増えています。「お好きだとうかがいました
ので」など、相手の年齢や間柄を考慮して
言いかえましょう。また、手土産を渡すと
きは袋から出すのが基本ですが、最近はき
れいな袋も増えており、袋に入れたまま渡
すほうが喜ばれることもあります。

相手が比較的年配の人

・つまらないものですが。

相手が比較的若い人

・おいしいと評判ですので。

・お好きだと
うかがいましたので。

知人を家に招待する

知人を自宅に招待するときは、
相手ができるだけ楽しく過ごせるように
定番のフレーズを使いましょう。

玄関先で出迎える

お待ちしておりました。
さあ、どうぞ、
お上がりください。

上のように「お上がりください」と声をか
け、両手を広げながらジェスチャーを交
えて誘います。

お土産を受け取る

ご丁寧に
ありがとうございます。

相手がお土産を差し出したときは、過度
な遠慮をするより素直に喜びを表したほ
うが好印象です。

居間でお茶を出す

粗茶でございますが、
どうぞ。

「粗茶でございます」は日本茶を出すとき
の定番フレーズ。コーヒー、紅茶は「こ
ちらをどうぞ」と言います。

お客様のお土産（お菓子）を出す

おもたせで
失礼ですが、
お召し上がりください。

「おもたせ」は「持ってきていただいたも
の」という意味。通常はいただいたもの
を優先して出します。

食事に誘う

もしお時間が
おありでしたら、
ご一緒に夕食（お昼）を
いかがですか？

相手が辞退しても、「もう少しお話ししたいので」と引きとめます。再度、辞退したら承諾します。

食事を勧める

冷めないうちにどうぞ、
召し上がってください。

「温かいうちに召し上がってください」という言い回しもあります。自分が先に箸をつけて勧めてもOK。

見送るときの言い回し 1

おかまいもできませんで、
失礼いたしました。

ゲストが「そろそろ～」と別れのあいさつをしたとき、上のフレーズを返します。

見送るときの言い回し 2

お足元にお気をつけて
お帰りください。

日没後や、雨や雪で道がぬかるんでいる場合、別れのあいさつが済んだあとにこのフレーズを使います。

再度の訪問をうながす

今日は楽しい時間を
ありがとうございました。
ぜひ、また
お立ち寄りください。

目下の人には「また来てくださいね」でもOK。同格以上の人には上のようなあらたまった言い回しを使います。

Check!

家に招待するときは
身だしなみにも注意

来客に気持ちよく過ごしてもらうためには、身だしなみへの配慮も大切です。乱れた髪に部屋着のようなラフな格好では、相手がくつろげません。来客を迎える前に、全身を映せる鏡で髪型や服装などをチェックしましょう。相手が安心できる清潔でカジュアルな服に着替えて明るく出迎えます。

見知らぬ人によい印象を与える言い回し

街で声をかける

通りすがりの人にも礼儀正しい態度を。
美しい言葉づかいでお互いに気持ちのよい
コミュニケーションを心がけましょう。

シートを倒しても
よろしいですか？

路上で道をたずねる

恐れ入りますが、
このあたりは
おくわしいですか？
○○はどちらでしょうか？

まず相手に土地勘があるかを確かめます。
「くわしくない」と答えたら「失礼しました」と頭を下げましょう。

教えてもらったことへのお礼

よくわかりました。
ありがとうございます。
おかげさまで
助かりました。

お礼は「すみません」ではなく「ありがとうございます」のほうが好印象です。「助かりました」とつけ加えるとより丁寧です。

飲食店で料理を注文する

お願いします。
よろしいですか？

「すみません！」と声をかけるのが一般的ですが、上のように「お願いします」と申し出たほうが丁寧です。

電車・バスで席をゆずる

こちらへどうぞ。
おかけください。

無言で席を立つだけでは相手に伝わらない場合があります。席を立ったらすぐ「こちらへ〜」と案内します。

タクシーで目的地を伝える

○○（地名）の△△
付近までお願いします。
おわかりになりますか？

「わかる？」ではなく「おわかりになりますか？」と丁寧に聞きます。目印になる建物などを伝えればより親切です。

タクシーで近場まで移動するときの声がけ

近くて申し訳ない
のですが～

行き先を伝える前に「近くて～」と前置きします。そのあと、「すみませんね」などと声をかけるとより丁寧です。

乗り物のシートを倒すときの声がけ

シートを倒しても
よろしいですか？

「倒します」ではなく「よろしいですか？」とおうかがいを立てます。ただし、あまり大きく倒さないようにしましょう。

奥の座席から通路に出るときの声がけ

すみません。
前を失礼します。

「すみません」だけでなく「前を失礼します」をつけ加えるとより洗練された印象になり、相手の気分を害しません。

道をたずねられたときに
スマートに対応する方法

街を歩いていると、道をたずねられることがあります。そういうとき、サッと対応できると好印象を与えられます。道案内をするときは、目的地までの順路だけではなく、目印になる建物も教えてあげるとより親切です。案内できない場合は「お役に立てず申し訳ありません」と謝り、「このあたりは不案内なもので」とつづけます。スマホの地図アプリを活用する方法もあります。

道がわかる場合

2つめの信号を右に曲がり、
○分ほど歩いたところの
道沿い、右手にあります。
目印は△△です。

道がわからない場合

お役に立てず申し訳ありません。
このあたりは不案内なもので。

初対面の人と良好な関係を築く好印象フレーズ

パーティー会場で話す

は
じ
め
ま
し
て

パーティー会場では積極的に見知らぬ人に
話しかけましょう。話は短めに切り上げ、
もっと話したいときは場をあらためます。

ホストにあいさつする

本日は
お招きいただきまして、
ありがとうございます。

「お招きいただき〜」とお礼を述べたあと、
少し雑談をしてから、その場を立ち去り
ます。

自己紹介をする

はじめまして。
私、○○社の××と申します。
△△の営業を担当しています。
よろしくお願いいたします。

名刺交換の場ではないので、肩書きより
も仕事の内容を具体的に伝えるようにす
ると、話のきっかけを提供できます。

知り合いになりたい人への声がけ

失礼ですが、○○様で
いらっしゃいますか?
お会いできて光栄です。
ごあいさつさせていただいても
よろしいでしょうか?

まず名前を確認し、「光栄です」とつづけ
て敬う気持ちを伝えます。そのあと、あ
いさつの許可を求めます。

相手の職種が同じだったとき

○○さんも
営業のご担当ですよね。
△△の場合、どのように
アプローチするんですか?

「どのように〜」と話しかけて体験を聞き
出します。「そうですか」「なるほど」など
のあいづちも忘れずに。

相手の職種を聞く

私は○○の営業を
担当しています。
△△さんは、どのような
お仕事をなさっているんですか。

先に「自分が何をしているか」を説明します。そのあと、「どのようなお仕事を〜」と切り出せば、自然に会話がはずみます。

共通の知人を探す

○○社といえば
△△課の××さんを
ご存じですか？

相手が知っていた場合はその人物をほめて話題を広げ、知らなかった場合は「失礼しました」と答えて話題を変えます。

共通点が見つからないとき

○○さんは堂々として
いらっしゃいますよね。
私なんか不慣れなもので、
緊張してしまいます。

「堂々として〜」などと相手の態度をほめます。「おしゃれですね」と相手の服装について話す方法もあります。

去り際のあいさつ

すみません。
ごあいさつする方が
おりますので、このあたりで
失礼いたします。

「じゃあ、また」とあいまいに切り上げると、気まずい雰囲気になってしまいます。用件を述べてさわやかに立ち去りましょう。

話が長引きそうなとき

そうですか、
興味深いお話ですね。
また今度、ゆっくりお話を
うかがってもよろしいですか？

語尾をお願いの表現にすれば、やんわりと断れます。そのあと「すみません、では失礼します」と言って立ち去ります。

Check!

ビジネスの
可能性を感じたら？

あらためてコンタクトをとりたい人がいれば、「次回、場をあらためまして、きちんとお話を聞かせていただけませんか？」などという言い回しで許可をもらいます。さらに「こちらからメールでご連絡を差し上げてもよろしいですか？」と具体的な方法を予告して、間を置かずにすぐ連絡しましょう。

お祝いの場で礼を尽くす定番フレーズ

結婚式に出席する

結婚式では、招待を受けるところから
当日のやりとりまで定番の表現があります。
失礼のないようにふるまいましょう。

おめでとうございます

招待を受ける

おめでとうございます。
喜んで出席させて
いただきます。

まずお祝いの言葉を述べ「喜んで〜」と快
諾します。このとき結婚相手のことについ
て詮索しすぎないのがマナーです。

招待を断る

残念なことに、当日、
やむを得ない事情があり、
出席できそうにありません。
申し訳ありません。

仕事の用件でないかぎり「やむを得ない
事情」と言います。祝福する言葉をつけ
加えることも忘れないようにしましょう。

当日の出欠を保留にする

申し訳ありません。まだ、
見通しが立たないので、
予定を調整してみます。

前向きに考えていること伝え、「それに
しても、ほんとうによかったですね」と
つないでから祝福の言葉を述べます。

ご祝儀を渡す

本日は
おめでとうございます。
こちら、気持ちばかりですが、
よろしくお願いいたします。

「お祝いのお金」と言わず、「気持ちばか
り」とあいまいにします。「わずかですが」
など、金額にふれる表現はNG。

すでにご祝儀を渡している

おめでとうございます。
お祝いは
すでに済んでおります。

本人にご祝儀を渡している場合、または
お祝いの品を贈っている場合は、受付な
どでこのような言い回しを使います。

親族にあいさつする

おめでとうございます!
○○さんの友人で
△△と申します。
本日はお招きいただき、
ありがとうございます。

親族にあいさつをするときは、はじめに
自分の立場を明確にします。「○○さんの
友人で」などと簡潔に伝えましょう。

親族からあいさつされたときの返し方

こちらこそ
お世話になっております。
新郎(新婦)の○○さんには
いつも助けられてばかりです。

新郎(新婦)が目下の人なら「いつも助け
られてばかりです」、目上の人なら「いつ
もご指導いただいています」と言います。

席で隣り合わせた初対面の人へのあいさつ

はじめまして。
新郎(新婦)の
友人で○○と申します。

「はじめまして」と自分から声をかけ、新
郎または新婦との関係を説明すれば、相
手も同様に関係を教えてくれます。

会場を出るときに新郎・新婦へ

おめでとうございます。
すばらしい披露宴でした。
どうぞお2人でお幸せに。

「どうぞ~」で締めれば、落ち着いた言い
回しになります。「末長くお幸せに」「幸せ
になってください」なども○K。

Check!

結婚が決まったら まず上司に報告

上司への報告は「このたび、結婚
することになりました。○月○日
に挙式をとり行う予定です」など
と述べ、「まずは△△さんにご報
告をと思いまして~」とつけ加え
ます。結婚が決まったら、先に会
社の上司に報告するのがマナー。
そのあと友人や知人に電話やメー
ルで伝えます。

弔事に列席する

弔事ではふだん以上に言葉づかいに注意します。
気の利いたフレーズを言う必要はありません。
粛々と哀悼の気持ちを伝えましょう。

ご愁傷様でございます

開口一番で使う万能フレーズ

このたびは
ご愁傷様でございます。

「愁傷」は「悲しむ」という意味。共感の意
を込めて哀悼の気持ちを伝えます。迷っ
たときはこのフレーズを。

あらたまった印象を与える

このたびは
心よりお悔やみ
申し上げます。

「お悔やみ申し上げます」は「ご愁傷様で
す」を言いかえた表現。「心より」をプラス
すればより丁寧な表現になります。

受付で香典を手渡す

このたびは
突然のことで……、
お悔やみ申し上げます。

宗教・宗派を問わず使える表現。一般的
に、記帳をすませてから、香典袋の文字
が見えるようにして渡します。

故人との対面を勧められた

それでは、
お別れさせて
いただきます。
安らかないいお顔ですね。

特別な事情がないかぎり、「ありがとう
ございます」と礼を言い、上のように「そ
れでは〜」と述べて拝見します。

知人が急死した

このたびは
突然のことで……。
なんと申し上げてよいか、
言葉もありません。

「言葉もありません」は少し間を置いて。哀悼の意とともに、とまどう気持ちを正直に伝えます。

故人が高齢者だった

○○さんには、
もっと長生きして
いただきたかったのに、
残念でなりません。

故人が高齢者だった場合に使うフレーズ。「大往生でした」と声をかけるのは、親族の表現なのでご法度です。

故人が上司・同僚だった

とても残念です。
もっとおつき合いして
いただきたかったのに。

「ご愁傷様です」につづける言い回し。語尾はあえてはっきり言わず、残念な気持ちを伝えます。

悲しみにくれる遺族に

おつらいですよね。
ご胸中、
お察し申し上げます。

親族が沈痛な面持ちをしているときにかけるひと言。しっかり間をあけてゆっくり頭を下げながら言います。

上司や先輩に身内の不幸を報告する場合の作法

忌引(きびき)によって業務に影響が出ますので、なるべく早く報告します。報告は「祖父が、昨日亡くなりました」などとします。直接的な「死にました」、身内を敬う「お亡くなりになりました」などの表現は不適切。また、会社が弔電を送ったり、社員が葬儀に参列する場合もあるので、故人の名前や喪主の名前、通夜や告別式の日時、場所、葬儀の形式なども伝えておきましょう。

Check!

一般的な忌み言葉

忌み言葉		理由
追って	▶	「あと追い」を連想させる
たびたび		悲しみが
重ね重ね	▶	くり返されることを
くれぐれも		連想させる
また		
死亡	▶	生と死に関する
生きる		直接的な表現だから
四	▶	死を連想させる
九	▶	苦を連想させる

いたわりの気持ちを伝えるフレーズ

お見舞いをする

お見舞いのときに配慮すべき点はタイミング。
相手の状況によって、お見舞いそのものが
迷惑の場合もあるので、事前にしっかり確認を。

お加減はいかがですか？

家族に病状を電話で確認する 1

お加減、
いかがでしょうか？
仲間うちにも
「お見舞いに行きたい」と
申す者がおりまして。

まず相手の状況を聞き、「仲間うちにも
～」と言って、お見舞いができるかどう
かをたしかめます。

家族に病状を電話で確認する 2

このたびは、突然のことで、
大変驚いております。
よろしければ、ご病状を
お聞かせ願えませんか？

友人を代表して電話をかける場合の言い
回し。「よろしければ～」と強要せずにた
ずねるのがポイントです。

はじめにかけるひと言 1

今回は大変でしたね。
お加減は
いかがですか？

「お加減はいかがですか？」と丁寧に聞き、
おだやかな態度で接します。「顔色がよく
ないね」などと感想を述べるのは失礼。

はじめにかけるひと言 2

心配しておりましたが、
お元気そうで何よりです。
安心しました。

症状が上向きになった状態でかける言葉。
完全に回復していなくても、そのきざし
があれば励ましの言葉になります。

相手を励ます

いまが大切なとき
ですから、
あせらずに
ご養生ください。

「心配はいらないので治療に専念してほしい」という気持ちを伝える言葉。病状には触れずに励まします。

相手の話に対するあいづち

・ そうですか。
・ 大変でしたね。
・ でも、大丈夫ですよ。

療養中の人が話しかけてきたら、上のようにあいづちを打ちながら聞きます。長話にならないように配慮しましょう。

看病している家族へ 1

ご看病のお疲れが
出ませんよう、
どうぞお体に
お気をつけください。

「ご看病のお疲れ〜」と、家族の心労をねぎらうフレーズ。家族への言葉は、病室の外でかけるのがマナーです。

看病している家族へ 2

ご家族のみなさまも
さぞお疲れでしょう。
お手伝いできることがあれば、
遠慮なくおっしゃってください。

家族への共感を表す言い回し。「お手伝いできることがあれば〜」は、相手を助けたいような場面で使用できる言葉です。

部屋から退出する

お邪魔いたしました。
お大事に
なさってください。

「お大事になさってください」は「養生してくださいね」「早く元気になってくださいね」などと言いかえても〇K。

Check!

家族に病状を
スマートに確認する

突然の入院で本人と連絡がとれない場合は情報がつかみにくくなります。家族に電話する場合、長話をするのは失礼なので、以下の情報を手早く確認しましょう。

原因は？（事故、病気）
状況は？（入院、自宅療養）
会話できるか？
お見舞いは可能か？

贈り物をする・受け取る

贈り物をする際、品物と一緒に
心のこもった言葉もプレゼントしましょう。
受け取る場合は真心を表す言葉を返します。

気持ちばかりですが

贈り物を渡す 1

ほんの志ですが、
お気に召しますか
どうか……。

「志」は「気持ち」という意味。気持ちの一部にすぎないことを伝えます。ほかに「気持ちばかりですが～」という言い方も。

贈り物を渡す 2

こちら○○です。
お好きだと
うかがいましたので。

食べ物や飲み物を贈るときは「お好きだと～」と言います。ほかに「おいしいと評判ですので～」という表現も。

贈り物を受け取る 1

お心づかい
痛み入ります。

相手が贈り物を差し出したときはこのフレーズを。ほかに「ご丁寧にありがとうございます」でもOK。

贈り物を受け取る 2

珍しいものを
ありがとうございます。

品物が貴重だったり高価だったりする場合はこの表現を。そのあとどちらの名産品（名物）ですかとたずねてもOK。

これでカンペキ！
敬語の
ルールとマナー

敬語はぜんぶで5種類

敬語は、尊敬語、謙譲語Ⅰ、謙譲語Ⅱ（丁重語）、丁寧語、美化語と、大きく分けて5種類あります。たとえば、「○○に行く」という行動を表す言葉は、相手との関係性、目上と目下、身内側か外側かといった状況に合わせて、その表現が変わります。それぞれの違いや役割を理解し、正しい敬語を使うようにしましょう。

尊敬語　　相手の行為や状態について、相手を立てて述べる

尊敬語は、目上の人の行為や状態に対して敬意を表す言葉です。相手を高めて表現することで、その人を敬っている姿勢を伝えます。

相手を高める

自分　　相手

行く	いらっしゃる／おいでになる お越しになる／お出かけになる
来る	いらっしゃる／おいでになる お越しになる
言う	おっしゃる／言われる
見る	ご覧になる／見られる
～する	～される／～なさる
待つ	お待ちになる
食べる	召し上がる

謙譲語Ⅰ　　自分がへりくだることで、相手を高める

自分の行為や状態をへりくだって述べることで、相手を高める敬語です。行為の先には、その対象となる相手が存在すると考えましょう。

自分　　相手

自分がへりくだる

行く	うかがう
来る	参る
言う	申し上げる
見る	拝見する
～する	いたす／いたします ～させていただく
待つ	お待ちする
食べる	いただく／頂戴する

謙譲語 II
（丁重語） 自分の行為や状態を丁重に表現する

自分の行為や状態に対して、丁重に表現する敬語です。フォーマルな場で自分をへりくだって表現するときなどにも使います。

フォーマルな
（あらたまった）場
自分

自分が
へりくだる

行く・来る ▶	参る／参ります
言う ▶	申す／申します
知る ▶	存じる／存じます
居る ▶	おる／おります
する ▶	いたす／いたします

丁寧語 丁寧な気持ちを示しながら表現をやわらげる

尊敬語や謙譲語のように、相手を高めたり、へりくだったりする役割はありません。聞き手に対して、丁寧なあらたまった気持ちを表現する敬語です。

自分　　相手

～です。 ▶	明日は月曜日です。
～ます。 ▶	明日は晴れると思います。
～います。 ▶	駅が大変混みあっています。
～でございます。 ▶	こちらが新商品でございます。

美化語 言葉を美しく上品に表現する

単語に「お」や「ご」をつけることで、言葉をより美しく、上品に表現します。「盗難／事故／解雇／左遷」などの悪い意味を持つ単語や、外来語にはつけないので注意しましょう。

酒

自分　　相手　　お酒

言葉をより美しく
上品に表現する

外来語にはつけない ✕ お コーヒー／ご ジュース／お バッグ

金 ▶	お金
酒 ▶	お酒
茶 ▶	お茶
手紙 ▶	お手紙
天気 ▶	お天気
飯 ▶	ご飯
祝儀 ▶	ご祝儀
結婚 ▶	ご結婚

キホン 2 間違い敬語にご用心!

日ごろ、正しいと思って使っている敬語や言葉づかいも、じつは使い方そのものが間違っている場合があります。間違った表現のまま覚えてしまわないよう、ここでは勘違いしやすい敬語のパターンを紹介します。

二重敬語

1つのフレーズに敬語を2つ重ねてしまう、間違い敬語です。「お」+「〜になる」という尊敬語に、「〜(ら)れる」という尊敬語を重ねてしまったり、謙譲語に「お」+「〜する」という謙譲語を重ねたりと、丁寧さを意識するあまり過剰な表現になっている間違いです。

✕ お越しになられますか?

◯ お越しになりますか?

解説 ▶ 「お越しになる」は、「行く/来る」の尊敬語です。そこに「〜(ら)れる」という尊敬語をつけることで、二重に尊敬語が使われています。

✕ ご注文をお承りします。
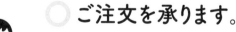

◯ ご注文を承ります。

解説 ▶ 「承る」は「受ける」の謙譲語なので、言葉そのものが敬語になります。そこに「お」+「〜する」をつけてしまうと、「お」+「承る」となり、二重敬語となります。

「〜(ら)れる」の表現はとくに注意！

「お」+「〜になる」と、「〜(ら)れる」という尊敬語は、重ねて使用してしまいやすい言葉です。「承る」のように、言葉そのものに敬意が込められた表現もあるので注意しましょう。一方で、「お召し上がりになる」や「おうかがいする」のように、敬語に「お」をつけている二重敬語であっても、慣習として定着している表現もあります。

✗ お帰りになられる	○ お帰りになる
✗ おもどりになられる	○ おもどりになる
✗ おっしゃられる	○ おっしゃる
✗ ご利用になられる	○ ご利用になる

「〜させていただく」の多用は逆効果に！

「〜させていただく」という表現は、謙虚な姿勢が伝わるのでつい多用しがちですが、連続して使用するとかえって軽い印象を与えることがあります。二重敬語のような間違いではありませんが、注意しましょう。

✗ 提案させていただく資料を、お送りさせていただきます。

○ 提案させていただく資料をお送りいたします。

 Advice

故人に対する尊敬語の使い方

故人に対する尊敬語には注意が必要です。お悔やみの場で間違った言葉の使い方をすると相手の気分を害してしまいます。正しい表現を覚えましょう。

知人の親族が故人になった場合	自分の親族が故人になった場合
✗ 死んだそうですね。	✗ 死亡しました。
○ 天に召されたそうですね。	○ 亡くなりました。
○ お亡くなりになったそうですね。	○ 他界しました。

取り違い敬語

相手の立場を高める表現（尊敬語）を使うべきところで、自分の立場を下げてへりくだることで相手を高める表現（謙譲語）を使うと、高めるべき相手に対して見下したような意味を表す言葉づかいになってしまい、失礼な印象を与えます。「うかがう」「拝見する」「いただく」などの謙譲語を、相手の行為に使用しないようにしましょう。

取引先よりも上司の立場を高めてしまう

「お伝えする」は謙譲語ですが、伝える対象が上司なので、結果的に上司を高めていることになります。社内では上司に向かって敬語を使っていても、取引先の前では上司も「身内側」の人間となります。相手の前で「身内側」の人間を高める表現は取り違い敬語です。

✕ ◯◯課長に
お伝えしておきます。

◯ 課長の◯◯に
申し伝えます。

上司（課長）

自分　取引先

相手よりも自分の立場を高めてしまう

「ご苦労様」は、目上の人が目下の人に対して使うねぎらいの言葉です。目上の人である上司をねぎらうために使うのは不適切です。

✕ ◯◯課長、
ご苦労様でした。

◯ ◯◯課長、
お疲れ様でした。

自分　上司（課長）

相手の行為に対して謙譲語を使ってしまう

「うかがう」は謙譲語なので、相手の行為に対しては使いません。ほかにも、「冷めないうちに、いただいてください」なども取り違い敬語で、正しくは「召し上がってください」となります。

✕ **その件は窓口でうかがってください。**

○ **その件は窓口でお聞きください。**

自分　相手

相手の行為を下げてしまう ✕

「参る」は謙譲語です。自分だけを示すなら問題ないですが、ここでは相手も含まれているので、「ご」をつけて相手に許可を求める表現のほうが適しています。

✕ **一緒に参りませんか?**

○ **ご一緒してもよろしいですか?**

 Advice

敬語の「身内側」と「外側」を理解する

敬語には「身内側(目下)」と「外側(目上)」という考え方があります。自分を「身内側」、敬意を表すべき相手を「外側」とし、表現を使い分けます。

取引先や社外の人との関係の場合

| 外側 | 取引先 | 社外の人 | お客様 | 目上 ▲ |
| 身内側 | 自分 | 上司・先輩 | 同僚 | 社内の人 |

▼ 目下

自分よりも高めるべき「外側」には、取引先や社外の人、お客様が入ります。「身内側」には、自分の上司や先輩、同僚、社内の人が入ります。「外側」の人の前では、上司や先輩も自分と同じ立場となるので、高める表現は使いません。

例 当社の○○(上司・先輩)が、○○様にお会いしたいと申しております。

勘違い敬語

一般的によく使われ、正しいと思い込まれている言葉でも、じつは間違い敬語である場合があります。普段からくせになっているとつい言ってしまいがちなフレーズですが、正しい表現に切り替えて覚えておきましょう。

「お休みをいただいております」は社外の人にはNG

✕ ○○は、
本日お休みさせて
いただいております。

✕ ○○は、
本日お休みを
いただいております。

○ 申し訳ございません。
あいにく○○は、
本日休みをとっております。

「〜(させて)いただく」は、相手の許可をもらう行為に対して使う表現です。取引先など「身内側」ではない相手に対して使うのは適切ではありません。また、「頂戴する」という意味を含む「いただく」に関しても、「身内側」である会社(上司)を高めてしまう、勘違い敬語となります。

外側(目上)と
身内側(目下)の
関係性で
使い分けましょう!

「できません」は敬語。表現としては不適切

✕ ご乗車できません。

○ ご乗車になれません。

「できません」に「ご」をつけても尊敬語にはなりません。「ご」+「〜になれません」が、正しい尊敬語の使い方です。同じように、「ご利用できません」も、「ご利用になれません」と表現しましょう。

「モノ（車）」には尊敬語を使わない

✕ お車が到着なさいました。

◯ 車が到着しました。

「到着なさる」は、到着した「人」を高める尊敬語です。「○○様が到着なさいました」であれば適切な表現ですが、この場合、主語は「車」なので、モノに対して敬語を使っていることになり不適切です。

 Advice

つい使いがちな「バイト敬語」を正しい言葉に変える

飲食店などの接客スタッフが教えられるマニュアルには、間違った敬語の使い方として定着してしまった表現があります。ビジネスの場で使うのはふさわしくないので、正しい表現を身につけておきましょう。

✕ コーヒーになります。
◯ コーヒーをお持ちしました。

解説 ▶ 「なります（＝別のものに変わる）」という意味なので不適切な表現です。

✕ ご注文のほうは～
◯ ご注文は～

解説 ▶ 「～のほう」は場所や方向を漠然と表す言葉なので不適切な表現です。

✕ よろしかったでしょうか？
◯ よろしいでしょうか？

解説 ▶ 現在のことを確認する場面で「～かった」と過去を表す表現は間違いです。

✕ 1000円からお預かりします。
◯ 1000円お預かりします。

解説 ▶ 「1000円から何かを預かった」という意味になってしまい、不適切な表現です。

敬語と言葉づかい
ソク引き一覧

ビジネスシーンや日常でよく使う敬語や言葉、覚えておくと便利な用語を一覧にまとめました。正しい敬語のコミュニケーションに役立てましょう。

💬 よく使う言葉の敬語一覧

用語	尊敬語	謙譲語	丁寧語
ある	おありになる	－	あります ございます
いる	いらっしゃる おいでになる	おる	います
する	される なさる	いたす させていただく	します
行く	いらっしゃる おいでになる お越しになる お出かけになる	うかがう 参る 参上する	行きます
来る	いらっしゃる おいでになる お越しになる	参る	来ます

用語	尊敬語	謙譲語	丁寧語
帰る	お帰りになる	失礼する おいとまする	帰ります
会う	会われる お会いになる	お会いする お目にかかる	会います
待つ	お待ちになる	お待ちする	待ちます
言う	言われる おっしゃる	申し上げる 申す	言います
話す	お話しになる	お話しする	話します
たずねる	おたずねになる	うかがう おたずねする	たずねます
答える	お答えになる	お答えする	答えます
承諾する	承諾なさる	かしこまる 承知する 承る	承諾します
聞く	お聞きになる 聞かれる	うかがう お聞きする	聞きます
聞かせる	お聞かせになる	お聞かせする お耳に入れる	聞かせます
思う	お思いになる 思われる	存じる	思います
知る	ご存じ	存じ上げる	知ります

用語	尊敬語	謙譲語	丁寧語
読む	お読みになる 読まれる	拝読する	読みます
書く	お書きになる 書かれる	お書きする	書きます
見る	ご覧になる 見られる	拝見する	見ます
見せる	お見せになる お示しになる	お見せする お目にかける ご覧に入れる	見せます
与える	ご恵与くださる くださる	差し上げる	あげます
もらう	お受け取りになる お納めになる	いただく 頂戴する	もらいます
借りる	お借りになる 借りられる	お借りする 拝借する	借ります
食べる	召し上がる お上がりになる お食べになる	いただく 頂戴する	食べます
飲む	召し上がる お上がりになる お飲みになる	いただく 頂戴する	飲みます
買う	お買いになる 買われる お求めになる	買わせていただく	買います
着る	お召しになる 着られる	着させていただく	着ます
座る	おかけになる	座らせていただく	座ります

💬 「人」や「会社」に関する言葉

用語	敬語
僕、私	わたくし
僕たち、私たち	わたくしども わたくしたち
あなた	貴殿
自分の会社	弊社／当社
相手の会社	御社 貴社（主に文面で使用）
自分の会社の人	弊社の者／当社の者
相手の 会社の人	御社の方 貴社の方 （主に文面で使用）
お父さん お母さん	父／父親 母／母親
相手のお父さん 相手のお母さん 両親	お父様／ご尊父（そんぷ）様 お母様／ご母堂（ぼどう）様 ご両親様／親御（おやご）様
息子 娘	せがれ／息子 娘
高齢者	ご年配の方 お年を召された方
どの人	どなた様 どの方
あの人	あの方
みんな	みなさま／ご一同様

💬 「場所」や「数」に関する言葉

用語	敬語
ここ／ こっち	こちら
あっち	あちら
そっち	そちら
どこ／ どっち	どちら
家	お宅／貴宅
住んでいる 土地	御地／貴地
一人	お一人（ひとり）様
二人	お二人（ふたり）様 お二方（ふたかた）
三人	お三方 （おさんかた）
ひとつ	おひとつ
いくつ	おいくつ
いくら	いかほど おいくら
～ぐらい	～ほど

用語	あらたまった言葉
今日	本日(ほんじつ)
昨日 (きのう)	昨日(さくじつ)
一昨日 (おととい)	一昨日 (いっさくじつ)
明日 (あした)	明日(あす) (みょうにち)
明後日 (あさって)	明後日 (みょうごにち)
今日の朝	今朝(けさ)ほど
今日の夜	今夜(こんや) 今晩(こんばん)
昨日の夜	昨夜(さくや)
明日の朝	明朝 (みょうちょう)
明日以降	後日(ごじつ)
今年	本年(ほんねん)
去年	昨年

用語	あらたまった言葉
一昨年 (おととし)	一昨年 (いっさくねん)
いま	ただいま
さっき	先ほど
このあいだ	先日
前に	以前に
今度	このたび
これから	今後
あとで	のちほど
少し **ちょっと**	少々
もうすぐ	まもなく
すぐに	さっそく ただちに

しっかり
覚えましょう!

190

💬 ビジネスでよく使う用語

用語	意味	例文
急逝 （きゅうせい）	急に亡くなること	昨日、○○社の△△様が 急逝されました。
教示 （きょうじ）	知識や方法を 教え示すこと	書類の作成法を ご教示いただけますでしょうか？
教授 （きょうじゅ）	学問や技芸を 教え伝えること	経営者としての心得を ご教授いただければ幸いです。
苦慮 （くりょ）	心配し 思い悩むこと	思わぬトラブルがあり、 対応に苦慮しております。
幸甚 （こうじん）	このうえなく 幸せなこと	先日は新製品発表会に お招きいただき幸甚に存じます。
自愛 （じあい）	自分を大切にすること	厳寒の折、風邪など 召されませぬようご自愛ください。
承諾 （しょうだく）	相手の主張に 賛同すること	そちらの件はすでに 部長の承諾を得ています。
相伴 （しょうばん）	連れ立って行くこと	次回のイベントには 私もご相伴させていただきます。
専念 （せんねん）	精神や力を 集中すること	現在、新事業の立ち上げに 専念しているところです。
適宜 （てきぎ）	場の状況に合わせて 柔軟な対応をとること	プレゼンの最後に 適宜、質問を受けつけます。
顛末 （てんまつ）	事の最初から 最後まで	先月の事故について 顛末をご説明いたします。
捺印 （なついん）	印を押すこと、 その印影	契約書にご捺印をお願いいたします。
拝受 （はいじゅ）	受け取ることを へりくだって言う表現	本日、お見積書を拝受いたしました。
不躾 （ぶしつけ）	礼を欠くこと	不躾ながら、企画の内容について 再検討をお願いいたします。
芳名 （ほうめい）	相手を敬って その姓名をさす言葉	この欄にはご芳名をご記入ください。
猛省 （もうせい）	深く反省すること	今回のミスにつきまして、 猛省いたします。
容赦 （ようしゃ）	失敗やあやまちを 許すこと	ご連絡が重複した場合は ご容赦ください。
用命 （ようめい）	用事を言いつけること または、注文すること	サンプルをお持ちしますので、 ご用命の際はお声がけください。

監修

NPO法人 日本サービスマナー協会 理事長

澤野 弘 （さわの・ひろむ）

大阪府生まれ。関西大学商学部卒業。2008年に、企業の財産である『人財教育』を実施する「NPO法人 日本サービスマナー協会」を設立。経験豊富な講師陣により、マナー研修や講座、各種セミナーを開催している。その活動範囲は広く、エアライン、ホテル、旅行、ブライダルなどの接客サービスの研修をはじめ、一般企業の社員研修やビジネスマナー教育、接客サービスマナー検定も行う。現在、東京・大阪・福岡・名古屋に本部を持つ。執筆活動や講演活動を行いながら、日々新しいことに挑戦している。『使える！ 好かれる！ものの言い方伝え方 マナーの便利帖』『きちんと！伝わる！文章の書き方 身につく便利帖』（いずれもGakken）を監修。

NPO法人 日本サービスマナー協会
https://www.japan-service.org/

● 本書は、2020年1月に刊行された『好かれる人のモノの言い方事典』（Gakken）を改題し、加筆・修正した改訂版です。

STAFF

装幀・デザイン	金井久幸（株式会社TwoThree）
イラスト	村山宇希
編集協力	ヴァリス
校正	東京出版サービスセンター

伝わる! 信頼される! 大人の言いかえ事典

2023年10月3日 第1刷発行

監修	澤野 弘（NPO法人 日本サービスマナー協会 理事長）
発行人	土屋 徹
編集人	滝口勝弘
企画編集	浦川史帆
発行所	株式会社Gakken
	〒141-8416 東京都品川区西五反田2-11-8
印刷所	中央精版印刷株式会社

《この本に関する各種のお問い合わせ先》
• 本の内容については 下記サイトのお問い合わせフォームよりお願いします。
　https://www.corp-gakken.co.jp/contact/
• 在庫については ☎03-6431-1201（販売部）
• 不良品（落丁、乱丁）については ☎0570-000577
　学研業務センター 〒354-0045 埼玉県入間郡三芳町上富279-1
• 上記以外のお問い合わせは ☎0570-056-710（学研グループ総合案内）

学研グループの書籍・雑誌についての新刊情報・詳細情報は、下記をご覧ください。
学研出版サイト https://hon.gakken.jp/